国家自然科学基金青年项目：数据驱动的及时转运下不确定性订单分货系统的货位分配策略研究（NO.72101101）

江苏省社会科学基金青年项目：乡村振兴战略背景下江苏生鲜农产品产销稳定衔接机制研究（NO.20GLC006）

江苏科技大学科研启动基金：不确定环境下订单分货系统的货位分配优化（NO.1042932205）

数据驱动的不确定性订单分货系统的货位分配策略研究

朱苗绘 ◎著

中国财经出版传媒集团

经济科学出版社
Economic Science Press
·北京·

图书在版编目（CIP）数据

数据驱动的不确定性订单分货系统的货位分配策略研
究/朱苗绘著 . -- 北京：经济科学出版社，2024.4
ISBN 978 - 7 - 5218 - 5869 - 3

Ⅰ.①数… Ⅱ.①朱… Ⅲ.①物资配送 - 研究 Ⅳ.
①F252.14

中国国家版本馆 CIP 数据核字（2024）第 093174 号

责任编辑：李 雪 袁 溦
责任校对：徐 昕
责任印制：邱 天

数据驱动的不确定性订单分货系统的货位分配策略研究
SHUJU QUDONG DE BUQUEDINGXING DINGDAN FENHUO XITONG DE
HUOWEI FENPEI CELÜE YANJIU
朱苗绘 著

经济科学出版社出版、发行 新华书店经销
社址：北京市海淀区阜成路甲 28 号 邮编：100142
总编部电话：010 - 88191217 发行部电话：010 - 88191522
网址：www. esp. com. cn
电子邮箱：esp@ esp. com. cn
天猫网店：经济科学出版社旗舰店
网址：http://jjkxcbs. tmall. com
固安华明印业有限公司印装
710 × 1000 16 开 15.5 印张 186000 字
2024 年 4 月第 1 版 2024 年 4 月第 1 次印刷
ISBN 978 - 7 - 5218 - 5869 - 3 定价：78.00 元
（图书出现印装问题，本社负责调换。电话：010 - 88191545）
（版权所有 侵权必究 打击盗版 举报热线：010 - 88191661
QQ：2242791300 营销中心电话：010 - 88191537
电子邮箱：dbts@ esp. com. cn）

前　　言

　　随着网络零售市场的崛起，客户订单越来越趋向于小批量、高频次，并且需要在较短的时间窗内分拣出去，因此，订单分货系统得到广泛的应用。仓库的基本功能转变为接收供应商货物的到达，按客户订单进行分货，再将货物包装运输。将货物按客户进行分货的分货运作成为仓储中心运作的核心，其运作绩效的高低将直接影响客户服务水平的高低。本书在客户到达未知、客户需求未知的情境下，研究不同货位分配策略及其改进对分货系统绩效的影响，并通过刻画客户需求分布来改进分货策略，进而解决需求不确定下的再分货问题。对丰富订单分拣系统的理论与方法具有重要的理论意义，并对我国仓储与物流体系的发展，具有十分重要的现实意义。

　　本书的研究内容主要包括以下三个方面：

　　第一，研究无信息时随机分配和最近空位分配策略对订单分货系统绩效的影响。首先，建立订单分货系统模型，描述订单分货系统流程，给出模型假设，确定行走距离的基准，以吞吐量分配的行走距离为基准。其次，解析求解随机分配的期望行走距离，分析无信息对随机分配的影响，比较最近空位分配和随机分配的期望行走距离。最后，采用某花卉拍卖市场的实际数据，比较最近空位分配、随机分配与基准之间的差异，分析最近空位分配优于随机分配的原因。

第二，基于历史数据，研究部分信息时基于类的分配及其改进策略对订单分货系统绩效的影响。首先，采用解析的方法分析基于类的分配的分货绩效，并结合实际案例，模拟比较基于类的分配与最近空位分配、随机分配、吞吐量分配之间的差异。其次，在秦等（Qin et al.，2015）提出的改进的基于类的分配策略基础上，即在客户所属类的子区域采取最近空位分配而非随机分配方法，采用解析的方法分析了改进的基于类的分配的分货绩效，并结合实际案例，模拟比较改进的基于类的分配策略与上述分配策略之间的绩效差异。最后，分别从类的划分准则、类所属区域货位的数量、类的数量等角度，探讨了改进的基于类的货位分配策略的实施问题。

第三，基于实际需求量/预报需求量（A/F）比值刻画客户需求分布，研究基于需求预测的货位分配与再分货策略对订单分货系统绩效的影响。首先，提出基于需求预测的货位分配策略，描述了需求预测方法与基于需求预测的货位分配策略的实施方法，并结合实际案例，描述了需求预测方法与基于需求预测的货位分配策略的模拟方法与模拟结果，并与吞吐量分配进行比较。其次，提出基于客户需求预测在分货区给客户分配多个货位进而取消再分货运作的分货策略，定义其相关绩效指标，模拟比较了无再分货运作时的分货绩效与基准之间的差异，并分析了其他相关绩效指标情况。最后，讨论了仍保留再分货运作时基于客户需求预测的再分货策略，进而彻底解决再分货迭代问题，提出再分货区货位直接分配策略与配对分配策略及其相关绩效指标，并模拟比较分析了上述两种算法相关绩效指标的对比情况。

本书结合企业的实际案例数据，采用解析的方法、模拟的方法对不确定性下订单分货系统分货绩效的改进进行了研究，主要研究结论如下：

第一，解析推导的结果表明，无信息时若客户随机到达，最近空位分配优于随机分配主要受随机分配空位数的影响，且空位数越多，差异越大。实证模拟的结果证明了解析推导的结论，随机分配之间存在随机性差异，客户并非随机到达时，最近空位分配将优于随机分配更多，且分货区形状将对分货绩效产生较大影响。

第二，解析推导的结果表明，部分信息时基于类的货位分配策略优于随机分配，改进的基于类的分配策略优于最近空位分配。实证模拟的结果证明了解析推导的结论；按照客户需求量准则和概率值准则划分客户、以各类客户的期望数量来进行货位数量决策，以及客户分类由 2 类向 K 类扩展的启发式算法，有利于改进的基于类的分配策略的实施决策，并将提高分货绩效，且随着客户类别数量的增加，分货绩效在不断提高，但增加幅度逐渐降低。

第三，基于 A/F 比值刻画客户需求分布简化了需求预测方法且极具操作性，基于需求预测的货位分配策略受仓库管理者设定的客户需求预报偏差范围，以及客户通过需求预报来获取奖励概率的影响，需求预报偏差范围设定的越小，客户期望获奖概率越高，基于需求预测的货位分配策略将越逼近吞吐量分配。

第四，由于客户分配了多个货位导致分货区扩大，进而导致行走距离变长，基于需求预测取消再分货运作的分货策略并非是一个好的策略。同货位直接分配策略相比，保留再分货运作时再分货区货位配对分配策略，将大幅度提高再分货的各类绩效指标，且有利于再分货区的布局设计。

本书的创新之处，体现为以下三点：

第一，从作者掌握的文献看，很少有文献讨论订单分货系统的货位分配策略。现有文献一般都基于完全信息和静态情形，从拣货效率角度讨论货位分配策略。本书系统地研究了不确定性订单分货系统的货位分配策略，是本书与现有文献的明显区别之处。

第二，不确定性时，现有文献认为仅能采取最近空位分配策略。而数据驱动的方法为不确定性订单分货系统货位分配策略的改进提供了解决途径，也是本书主要特色之一。同概率假设模型相比，数据驱动的方法更符合实践，其研究成果可直接验证，将架起学术研究与实践应用之间的桥梁。

　　第三，基于需求预测的货位分配策略创新地提出了不确定性下货位分配问题的解决方案，将不确定性问题逐渐逼近完全信息下订单分货系统的解决方案。并且基于需求预测提出再分货的货位配对算法，创新性地解决了不确定性下再分货的迭代难题。

作　者
2024 年 4 月

目　　录

第1章
导　　论

1.1　研究背景

2022年12月15日，国务院办公厅发布《"十四五"现代物流发展规划》，进一步将物流业明确为我国"基础性、战略性产业"。所谓基础性，是从物流业对国民经济发展的贡献度而言的。2022年我国物流业增加值为4.9万亿元，占GDP的4.1%，物流业在国民经济中的地位日益加强（2022年国民经济和社会发展统计公报）。所谓战略性，是从物流业对国民经济发展的引领度而言的。现代物流技术、供应链管理模式对我国制造业、农业、流通业的改造、升级、提升作用日渐明显。

我国已成为全球最大的物流市场。据统计，2022年中国物流市场占全球物流市场的23.7%，已经超过了美国18.6%的水平。从物流宏观统计看，2022年，我国物流总费用17.8万亿元，货运总量506亿吨，货运周转量226 122亿吨公里（2022年国民经济和社会发展统计公报）。但是，我国的物流成本长期居高不下。2022 年，我国物流成本占 GDP 的 18%，而同期美国、德国和日本大约为 8%。其中，我国物流的管理成本占 GDP 的 2.3%，而美国、日本同期仅为 0.4%。因此，我国物流业还具有很大的提升空间。虽然社会物流总费用与 GDP 的比率从 2015 年的 16% 下降到 2020 年的 14.7%，仍远高于日本、美国等发达国家 7% 的总体水平（中国物流与采购联合会统计数据；美国供应链专业协会统计数据）。

仓库是物流业的基本构成单元，因而也是供应链的基本组成部分。仓库运作效率的高低将直接影响物流效率的高低，进而影响供应链绩效。仓库运作的基本流程是接收供应商到货的库存单位（stock keeping units，SKUs），将 SKUs 存储在货位上，接受客户订单，客户订单达到后从货位上取出 SKUs，然后将 SKUs 包装以备运输（Gu et al.，2007；2010）。此时，仓库的主要功能是将 SKUs 仓储后以满足客户订单的需求。为此，将 SKUs 从货位上取出的拣货运作是订单分拣系统的核心。自豪思曼等（Hausman et al.，1976）系统地研究订单分拣系统的拣货效率（retrieval efficiency）以来，大量学者从拣货效率角度研究了订单分拣系统的相关决策（Hausman et al.，1976；Graves et al.，1977；Eynan & Rosenblatt，1994；Lee & Schaefer，1997；de Koster et al.，2007；Gu et al.，2007，2010）。

然而，在快速分拣环境下，大量的、较小的客户订单需在较短的时间窗内分拣出去。此时，仓库的基本功能是接收供应商 SKUs 的到达，按客户订单进行分货，然后将 SKUs 包装运输出去。由此，将 SKUs 按客户货位进行分货的分货运作成为订单分拣系统的核心，即订单分货系统（put systems or order distribution systems）。属于订单分货系统的情形越来越普遍，如亚马逊的仓库、花卉拍卖的分货中心

（de Koster et al. ，2007）。如在亚马逊，许多较小的订单在线到达，分拨中心须将供货商送达的货品在较小的时间窗内按分销中心位置进行快速分拨，以便及时运输。制造业与分销业一些新的趋势如更小的批量、及时的运输、订单和产品的定制化、周转时间减少等，以及企业倾向在严格的时间窗的约束下接受更迟的订单而提供更快的、及时的运输服务，使得很多仓库转向以订单分货系统为主。特别是网络零售市场的崛起，使得订单分货系统愈加流行。

电子商务在我国的快速发展使得我国成为全球最大的网络零售市场。国民经济和社会发展统计公报的数据显示，我国的网络零售交易额、快递业务量分别从 2017 年的 7.1 万亿元、401 亿件增长到 2022 年的 11.96 万亿元、1 105.8 亿件，分别增长了 0.68%、1.76%。据中国电子商务研究中心的统计，在网络零售投诉十大热点中，"货到迟缓"和"物流快递"两项加起来所占比重较高。仓储与物流已成为制约电商平台发展的关键。为此，许多电商平台加紧布局仓储基础设施建设，如京东已在全国拥有 7 大物流中心、700 多个大型中转仓库，又如顺丰在中国拥有 5 大分拨中心、近 200 个大型中转仓库，其他的如"四通一达"正加速布局其分拨中心及物流配送网点。

根据欧洲物流协会 2004 年的调查，仓储活动贡献了企业 20% 的物流成本。订单分拣在手工系统中是劳动密集型运作，而在自动系统中则是资本密集型运作。并且，订单分拣大约占仓库运作总开销的55%。基于这些原因，其被仓库从业者认为是仓库绩效改进最优先的领域（de Koster et al. ，2007）。自豪斯曼等（Hausman et al. ，1976）开创性研究以来，大量学者主要从货位分配（如 Graves et al. ，1977）、排序和分批（如 Hwang & Lee，1998）、分区（如 Le – Duc & de Koster，2005）、路由（如 Caron et al. ，1977）等角度，研究了订单分拣系统的拣货效率的改进（retrieval efficiency）。从拣货角度看，货位分配直接影响拣货员的行走距离，将小的订单集中在一起拣货（即排序和分批）可减少行走距离，拣货员固定在一区域拣货（即分区）可提高拣货效率，拣货员的行走策略（即路由）直接决定其行走距离。同样地，货位分配将影响分货员的行走距离，分货前将SKUs按分货位置的集中度排序可减少分货距离，而分货中分区、路由问题与拣货中的几乎一致。然而，尽管订单分货系统实践中的一些新进展产生了前所未见的分货效率（put away efficiency），但这些进展并未引起学术界的关注（de Koster et al.，2007）。

现有文献大多假设在完全信息和静态情形下对订单分拣系统的拣货绩效进行研究，前者指产品及其数量等信息在到达或离开仓库前是完全已知的，后者指在计划期内产品及其数量到达或离开仓库是固定的（Gu et al.，2007，2010）。然而，这并不符合实际。例如，在花卉拍卖中，购买商是否到达是未知的，且其需求量在分货结束后才知道。本书中的不确定性特指：客户的到达是未知的，已到达客户的需求是未知的（将大型分拨中心或仓库的下属网点或配送区域看成是客户，将下属网点或配送区域的分拨量、配送量看成是需求）。运输的不确定性、更紧的时间窗使得这类分货系统在实践中越来越普遍。

本书选题来源于仓储管理实践中凝练出的科学问题，并受到国家自然科学基金的资助。作者一直从事生鲜农产品拍卖、生鲜农产品供应链与生鲜农产品物流研究工作，并主持国家自然科学基金项目和省级社会科学基金项目。在研究中作者体会到，订单分货系统在电子商务时代将越来越普遍，且在紧密的时间窗约束下不确定性将成为订单分货系统分货绩效改进的关键核心问题之一。而不确定性使得订单分货系统绩效的改进变得更为复杂：一是按照顾等（2007，2010）的观点，不确定性时货位分配仅能使用随机分配、最近空位分配等简单策略，如何创新地使用其他货位分配策略或策略组合以提高分货效率？二是由于客户需求的不确定性，当货位大小固定时将会导致再分货问题，且再分货是一迭代问题，如何解决？

同基于模型驱动的方法相比，数据驱动的方法具有充分利用历史数据而更接近实际、求解大规模问题而更高效（Wang, Zhang & Fan, 2020），特别是对无法用概率模型进行描述的问题，往往能获得更高的绩效等优势（De Martinis & Corman, 2018）。现实中及时转运下不确定性订单分货系统越来越普遍，实践中的一些新进展产生了前所未有的分货效率，但这些新进展并未引起学术界的广泛关注。因此，本书一方面将架起订单分货系统学术研究与实践应用之间的桥梁；另一方面，探索数据驱动的方法在农产品交易市场的分货运作与大型电商和物流平台分拨运作的具体应用，具有十分重要的现实意义。

1.2　研　究　意　义

本书在客户到达未知、客户需求未知的情境下，紧密围绕仓储中心分货绩效的改进，采用模拟的方法或解析的方法，结合企业的实际案例数据，研究不同货位分配策略及其改进对分货绩效的影响，以及通过刻画客户需求分布来改进分货策略，进而解决需求不确定下的再分货问题。本书的研究意义如下：

第一，本书研究采用企业的实际案例数据，采用模拟的方法对不确定性下订单分货系统分货绩效的改进进行研究，将有利于架起学术研究与实践应用之间的桥梁，更重要的是从产业界的视角提出未来理论界的研究挑战。

产业界的很多创新性方法取得了一些新的进展，这些新的进展产生了前所未见的分拣效率，如在花卉拍卖行业，分货员的分货效率达到每小时 500 次/人。但是，产业界在实践中的很多经验并未被理论界加以研究。尽管很难从一些特定的案例中进行一般化的抽象，但这些案例能说明严格假设的理论研究与大多数仓库复杂现实之间的差距。产业界的案例研究是非常重要的需求，能帮助仓库研究者更好地理解现实问题。但是，由于产业界与理论界缺乏紧密的沟通，致使理论研究并未对仓储实践产生重要影响（Gagliardi et al.，2010）。因此，针对仓储设计与运作的案例研究和计算工具将有利于架起学术研究与实践应用之间的桥梁。

第二，本书系统研究无信息时随机分配、最近空位分配与基准之间的差异和原因，进一步研究部分信息时基于类的货位分配策略并进行改进，对解决不确定性下订单分货系统的货位分配问题具有重要的理论和现实意义。

货位分配策略对拣货绩效、分货绩效产生较大影响（Yu & de Koster，2013）。由于吞吐量分配将靠近仓库出入口（I/O 点）越近的货位分配给吞吐量越大的客户，因此吞吐量分配能产生较优的分货绩效。而在本书中，由于客户到达未知、客户需求事前未知但事后可知，因此，尽管吞吐量分配难以实施但可以作为讨论货位分配策略对分货绩效影响的"基准"，来研究其他货位分配策略与吞吐量分配策略之间的差异。根据顾等（2007，2010）的观点，无信息时货位分配仅能使用随机分配、最近空位分配等简单策略。本书将首先分析无信息时随机分配、最近空位分配与基准之间的差异和原因，并进一步讨论如何利用客户历史需求信息实施基于类的货位分配策略，通过实际案例讨论其改进与实施问题。因此，本书研究对不确定性下的货位分配策略及其改进策略对分货绩效的影响，以及在实践中如何进行实施，具有重要的理论意义和现实意义。

第三，本书系统研究基于需求预测的货位分配策略，进而研究不进行再分货时的分货绩效，以及进行再分货时的再分货策略及其算法，比较两者之间的绩效差异，将有利于解决不确定性问题，并为再分货决策提供依据。

现有订单分拣系统一般假设在需求已知的情形下根据经济订购批量模型来确定每类 SKUs 的存储区大小。而在订单分货系统中，当客户需求超过分货区容量时，必须进行再分货。因此，不确定性下的订单分货系统一般会配置再分货区，用于存储需求量超过分货区容量的客户 SKUs。由于分货前客户需求未知，再分货将是一迭代问题，由此导致再分货问题更加复杂。本书创新性地提出当一新客户到达时须预报一个需求量（forecast volume，F），分货结束后可知其实际需求量（actual volume，A），根据历史数据，可建立其实际需求量/预报需求量比值（A/F）的概率分布，进而刻画其真实需求，并以此为依据来讨论货位分配策略与再分货策略。因此，本书研究对于解决订单分货系统中的不确定性问题，以及由于不确定问题而导致的再分货问题，具有较大的理论价值和现实意义。

第四，本书研究对我国电子商务时代仓储与物流体系建设，提高我国电商服务支撑业的发展水平，提高电商交易的物流配送服务水平，具有十分重要的现实意义。

物流作为电子商务交易的关键一环，其发展水平的高低直接决定了客户对电子商务交易的满意度。而目前我国物流业的发展水平满足不了我国电子商务快速增长的需求。为此，我国从事电子商务交易的企业，以及从事电子商务物流配送的企业，都加紧布局仓储基础设施建设。这类快速分拣环境下的、大量的、较小的订单需在较小时间窗分拣出去的订单分货系统，其运营绩效的高低将直接影响客户服务质量水平的高低。因此，本书研究对我国电子商务时代仓储与物流体系建设，提高电子商务时代我国物流业的发展水平，提高电商交易的物流配送服务水平，具有十分重要的现实意义。

1.3　技术路线与本书结构

1.3.1　研究思路

本书沿着"无信息—部分信息—完全信息""不考虑再分货—考虑再分货"的思路，分别从货位分配策略、客户需求分布等角度，逐步深入地研究不确定性下仓储中心分货绩效的改进问题。本书的研究思路如下：

第一，建立订单分货系统的行走距离模型，并确定行走距离模型的基准。根据前面的描述，由于离散模型更符合本书引入的实际案例，离散模型的模拟结果对实践更具指导意义。为此，本书以行走距离模型的离散模型为主。由于吞吐量分配能获得较优的绩效，且客户需求量在分货结束后已知，本书以事后的吞吐量分配（即完全信息下）的行走距离作为分货绩效的基准。

第二，将不确定性货位分配问题看成无信息下货位分配问题。研究无信息时货位分配策略及其分货绩效，即随机分配策略与最近空位分配策略的分货绩效，并与基准进行比较，分析无信息对随机分配的影响，并结合实际案例进行分析，寻找最近空位分配优于随机分配的其他原因。

第三，通过历史统计信息将不确定性货位分配问题逐渐演变成部分信息下货位分配问题。基于客户历史需求信息，可以尝试将客户划分成不同的类，进而实施基于类的货位分配策略。由于最近空位分配优于随机分配，子区域货位分配采用最近空位分配可能使分货绩效更优，即改进的基于类的货位分配策略，并对其实施问题加以详细讨论和模拟。

第四，本书引入报童模型中解决需求不确定性方法，即建立客户 A/F 比值的概率分布，当客户到达前预报其需求后，则可以根据其 A/F 比值的概率分布刻画其需求分布。此时的分货问题将逼近完全信息下的分货问题，即吞吐量货位分配策略的分货绩效。并且，客户需求分布已知后将使再分货问题简单化，进而彻底解决不确定性下仓储中心的分货问题。

1.3.2　技术路线

从上述研究思路可以看出，本书将逐步放开如下假设条件，对不确定性下仓储中心分货绩效的改进问题进行系统的求解和模拟：

H1：假设客户仅分配一个货位且再分货策略固定。

当再分货策略固定时，分货区的任何分货策略，将不对再分货区的分货绩效产生影响，此时仓储中心分货绩效的改进问题将简化为分货区的分货绩效改进问题。然后，进一步放宽假设，通过需求信息采集，再分货问题包括考虑再分货或不进行再分货两种情形。

本书技术路线，如图 1 - 1 所示。从图 1 - 1 中技术路线可以看出：本书首先在假设 H1 成立的前提下，从无信息时的绩效改进逐渐过渡到部分信息下的绩效改进，即沿着随机分配策略—最近空位分配策略—基于类的分配策略—改进的基于类的分配策略的思路。其次，仍在假设 H1 成立的前提下，从部分信息下的绩效改进向完全信息下的货位分配策略逼近，即通过历史 A/F 比值的概率分布来获取客户当前的需求分布，基于客户需求分布来进行分货区的货位分配。接下来，在解决客户需求问题后，将放宽假设条件 H1，研究无再分货运作时的货位分配问题、主要分货绩效指标等。因无再分货运作时分货区将扩大，从而导致行走距离变长，最后分析再分货运作策略、再分货算法，以及再分货绩效指标等。

对图 1－1 中本书研究的主要方法说明如下：

（1）概率论、数学规划和优化的方法。利用概率论、数学规划对随机分配、最近空位分配、基于类的分配、吞吐量分配等分配策略的离散模型进行求解。

（2）对于不可求解的如 NP 难题（NP－hard），以及放开假设条件后不可求解的优化问题，采用模拟的方法如随机生成客户需求，模拟客户随机到达过程，并进行组合模拟，分析不确定性仓储中心分货绩效的改进。

（3）实际案例数据模拟方法。基于实际案例数据，分别代入基准模型、货位分配策略组合、基于需求预测的货位分配策略、考虑再分货或不进行再分货的分货绩效，比较实际案例数据模拟与解析法之间的差异。

（4）敏感性分析。基于实际案例数据，分别代入基准模型、货位分配策略组合、基于需求预测的货位分配策略、考虑再分货或不进行再分货的分货绩效，比较实际案例数据模拟与解析法之间的差异。

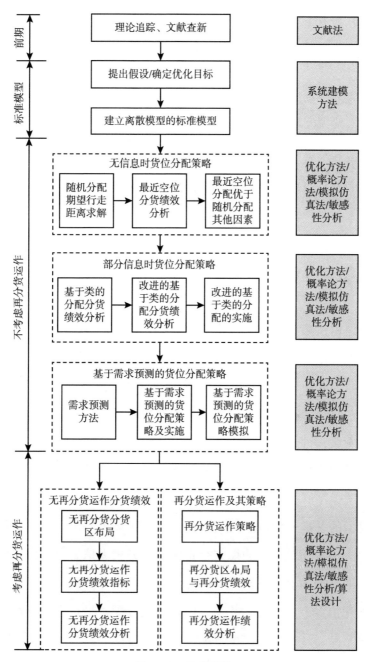

图1-1　技术路线

（5）算法设计。设计不同再分货算法，比较不同算法产生的绩效差异，为寻找最优的再分货算法提供依据。

1.3.3 本书结构

本书共六章，具体章节内容如下：

第1章，导论。对本书的研究背景、研究意义、技术路线、本书结构及本书的主要创新点进行概述。

第2章，国内外文献综述。对订单分拣系统的基本理论、国内外相关研究现状及国内外研究发展动态进行全面阐述。首先，分别从仓库设计与运作框架、订单分拣系统的决策目标、货位分配策略、拣货策略、路由策略、订单分拣系统的分类等角度，系统阐述订单分拣系统的基本理论。其次，分别从研究方法、货位分配策略、分区策略、分批策略、路由策略、订单分货系统等角度对国内外文献进行梳理。最后，对订单分拣系统国内外研究的发展动态进行分析和总结。

第3章，行走距离模型与无信息时的货位分配策略。主要包括模型与假设、无信息时的货位分配策略、模拟分析等内容。首先，建立分货系统模型，描述订单分货系统流程，给出模型假设，并确定行走距离模型的基准，即以吞吐量分配的行走距离为基准。其次，使用解析的方法求解随机分配的期望行走距离，分析无信息对随机分配的影响，从理论推导上分析最近空位分配优于随机分配的原因。最后，采用某花卉拍卖市场的实际数据，比较随机分配、最近空位分配与基准之间的差异，分析最近空位分配优于随机分配的其他原因。

第4章，基于类的分配及其改进策略。主要包括基于类的货位分配策略、改进的基于类的货位分配策略及其实施等主要内容。首先，基于解析的方法分析了基于类的分配的分货绩效，并结合实际案例，通过模拟比较了基于类的分配、最近空位分配、随机分配与基准之间的差异。其次，仍基于解析的方法对改进的基于类的分配的分货绩效进行分析，并结合实际案例，进一步分析比较了改进的基于类的分配策略与上述分配策略之间的绩效差异。最后，分别从类的划分准则、类的边界、类的数量、类所属区域货位的数量等角度，探讨了改进的基于类的货位分配策略的实施问题。

第 5 章，基于需求预测的货位分配与再分货策略。主要包括研究基于需求预测的货位分配策略、无再分货运作时的分货绩效、再分货策略及其算法。首先，卡桑（Cachon，2004）提出的需求预测方法引入到不确定性订单分货系统中，研究基于需求预测的货位分配策略的实施步骤、模拟方法，并结合实际案例，分析比较模拟结果。其次，研究无再分货运作时分货区布局、主要绩效指标，并结合案例给出模拟分析结果。最后，研究再分货运作策略、再分货区布局，以及再分货算法，并结合案例给出模拟分析结果。

第 6 章，总结与展望。对本书研究进行总结，指出本书研究的不足之处，并对下一步研究进行展望。

1.4　创　新　点

第一，从作者掌握的文献看，很少有文献讨论订单分货系统的货位分配策略。现有文献一般都基于完全信息和静态情形，从拣货效率角度讨论货位分配策略。本书系统地研究了不确定性订单分货系统的货位分配策略，是本书研究与现有文献的明显区别之处。

第二，从作者掌握的文献看，在一定假设下大多数文献都将最近空位分配与随机分配进行等价处理，且认为基于类的分配优于随机分配与最近空位分配。本书系统研究了最近空位分配与随机分配的差异及其原因，并在秦等（2015）研究的基础上，系统地研究了部分信息下改进的基于类的分配关键实施问题。

第三，基于需求预测的货位分配策略创新地提出了不确定性下货位分配问题的解决方案，将不确定性问题逐渐逼近完全信息下订单分货系统的解决方案。并且基于需求预测提出再分货的货位配对算法，创新性地解决了不确定性下再分货的迭代难题。

第 2 章
国内外文献综述

2.1　订单分拣系统的基本理论

本节对订单分拣系统的基本理论进行综述。首先，本书描述了仓库设计与运作的研究框架。其次，对订单分拣系统的决策目标进行简要描述。再次，对订单分拣系统的三个主要决策，即货位分配策略、拣货策略、路由策略的相关策略进行分类。最后，结合相关策略的划分，对订单分拣系统的分类进行概述。

2.1.1　仓库设计与运作框架

仓库是任何企业物流系统的重要组成部分，主要用于 SKUs 在发货点与消费点的存储与缓冲。仓库的研究主要包括仓库设计与仓库运作两大类，如图 2 - 1 所示。仓库设计主要包括仓库的总则、物流分区、物流分区的大小与维度、设备选择与运作策略等。总则包括物流方式、仓储部门、仓储部门相对位置等。物流分区布局主要指物流功能区域的 I/O 点位置，通道的数量、长度与宽度等。物流分区的大小与维度包括仓库、各物流分区的大小与维度。设备选择包括仓库的自动化水平、仓储设备选择、材料处理设备选择等。运作策略则包括存储策略选择、订单分拣方法的选择等。有关仓库设计及其绩效评估请参见顾等（2007，2010）的文献。

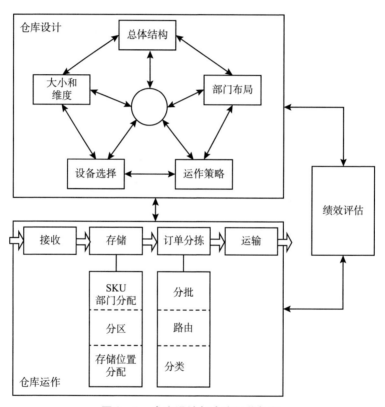

图 2 - 1　仓库设计与仓库运作框架

资料来源：Gu J X，Goetschalckx M，McGinnis L F. Research on warehouse operation：A comprehensive review［J］. European Journal of Operational Research，2007，177（1）：1 - 21.

仓库运作主要指仓库流程中的到货、仓储、拣货、运输等四个核心环节的计划与调度问题。到货与运输分别是 SKUs 到达与离开仓库的接口，其主要运作包括车辆在各到货或卸货平台的分配，卸货或装载活动的调度等。仓储主要涉及 SKUs 在仓库的组织，以达到更高的空间利用率、更有效地进行物料处理等，其核心是货位分配方法。拣货是指将 SKUs 从货位上取出以满足客户订单的需求，主要包括分区、分批与排序、路由等问题的决策等。现有文献中，大量学者主要关注仓储、拣货两个环节的计划与调度问题。

需特别指出的是，仓库运作效率强烈地受仓库设计阶段相关决策的影响，并且一旦仓库被建立，要改变设计决策是非常昂贵的或不可能的。

2.1.2 订单分拣系统决策目标与优化方法

订单分拣系统最普遍的目标是在一定的资源约束下（如劳动力、资本、机器等）最大化客户服务水平（Goetschalckx & Ashayeri，1989）。服务水平由很多因素构成，如订单的运送时间、完整性、精确性等。订单分拣与服务水平之间的关键联系是订单分拣的速度越快，SKUs 运输给客户的时间就越短。因此，最小化订单分拣时间是任何订单分拣系统的需求之一。订单分拣时间包括拣货员的行走时间、查找时间、SKUs 从货位上取出至推车上的时间、准备时间等。由于行走时间大约占订单分拣总时间的 50% 左右（de Koster et al.，2007），因此，行走时间被认为是需要最优先改进的领域。

在手工订单分拣系统中，行走时间是行走距离的递增函数（Jarvis & McDowell，1991；Hall，1993；Petersen，1999；Roodbergen & De Koster，2001a，2001b；Petersen & Aase，2004）。因此，现有文献主要将最小化行走时间或行走距离作为订单分拣系统的目标。本书中关于订单分拣系统绩效或效率的改进，特指行走时间或行走距离的缩短。

显然，最小化行走时间或行走距离仅为订单分拣系统决策目标中的一种。其他决策目标还包括：最小化总成本（Venkitasubramony & Adil, 2019）、最小化订单吞吐时间（Bahrami et al., 2019）、最大化空间利用率等（de Koster et al., 2007）。

解析法和模拟法是大量文献求解仓库运作决策时的主要方法。豪思曼等（1976）最早基于"时间正方形"（square in time, 指仓库 I/O 点到水平与垂直最远货位的行走时间相等）仓库，假设每个产品拥有一个存储位置，分别给出单程单命令情形下行走时间的离散模型与连续模型。基于豪思曼等（1976）的研究，大量文献在不同假设和仓库模型下对期望行走时间或期望行走距离进行估计，如关于随机分配（Xu et al., 2020）、吞吐量分配（Rao & Adil, 2013a）、基于类的分配（Rao & Adil, 2013b；Bortolini et al., 2019）等货位分配策略的估计。模拟法用来解决难以解析求解的复杂问题，再造订单分拣的动态过程，捕捉影响行走时间（距离）的随机性因素（朱杰等，2012；宁浪等，2014；Bučková et al., 2017；李珍萍等，2020），特别适合于离散模型的模拟。

解析法表达的是系统的平均行为，有助于设计决策，具有更大的广泛性；模拟法能更好地集成现实决策中的随机性与动态性，对难以求解的离散模型具有优势，但一般针对特定环境（Gagliardi et al., 2012）。

2.1.3 货位分配策略

SKUs 被卸载后，其首要决策就是给其分配存储位置（即货位），也称货位分配策略。德科斯特等（de Koster et al.，2007）描述了五类常用的货位分配方法：随机分配（random storage，*RAN*）、最近空位分配（closest open location storage，*COL*）、固定分配（dedicated storage，*DED*）、吞吐量分配（full turnover storage，*FUL*）、基于类的分配（classbased storage，*CBS*）。随机分配等概率地随机选择一个空位分配给 SKU；随机分配将招致较高的空间利用率，但仅能在计算机控制的环境中进行（Sharp et al.，1991）。最近空位分配选择最近的一个空位分配给 SKU，将招致靠近仓库 I/O 点的货位被占用，而靠近仓库的尾端将有很多空位。固定分配将每种 SKU 固定地存储在一个货位上，由于需为每种 SKU 按照其最大库存水平保留足够的空间，固定分配将导致较低的空间利用率。

吞吐量分配将 SKUs 的吞吐量进行排序，吞吐量越大的其货位越靠近仓库的 I/O 点。由于 SKUs 需求率经常变化，由此导致吞吐量分配在实践中难以实施。实践中，可以将 SKUs 根据吞吐量划分为多个子集，每个子集属于一个类，同时将存储区域划分成同等数量的子区域，吞吐量越大的类，其子区域越靠近仓库 I/O 点处，每种 SKU 在其对应类的子区域随机分配一个货位，该分配方法称为基于类的分配。

吞吐量分配、基于类的分配的关键是吞吐量准则。常用的吞吐量准则如 *COI*（cube per order index，*COI*）、*LOS*（length of stay，*LOS*）、拣货量等。*COI* 指 SKU 的存储空间与其存储/拣货次数的比值，*COI* 越小，其货位越靠近仓库 I/O 点（Kallina & Lynn，1976；Malmborg & Bhaskaran，1987，1989，1990；Malmborg，1995，1996）。*LOS* 指 SKU 在仓库的停留时间（Goetschalckx & Ratliff，1990），*LOS* 越小，其货位越靠近仓库 I/O 点。拣货量则指 SKUs 拣货的数量，拣货量越

大，其货位越靠近仓库 I/O 点。

许多学者根据 SKUs 类别的数量来区分货位分配方法。当所有 SKUs 为一类时，属于随机分配，当每种 SKU 为一类时，属于吞吐量分配，当 SKUs 被分为几个类时，属于基于类的分配。事实上，很多文献认为吞吐量分配与固定分配是等价的，这意味着一个固定位置被分配给某种 SKU 是基于其吞吐量进行分配的（Guenov & Raeside，1992；van den Berg & Gademann，2000；Muppani & Adil，2008a，2008b）。同样地，许多研究者也将随机分配与最近空位分配看成是等价的（Hausman et al.，1976；Schwarz et al.，1978；Guenov & Raeside，1992；Fukunari & Malmborg，2008）。基于此，随机分配、基于类的分配和吞吐量分配被广泛地加以讨论和比较。

在不确定性环境下，上述两类等价可能并不成立（如当 SKUs 品种数未知时，随机分配与最近空位分配不等价），且吞吐量分配与固定分配、随机分配与最近空位分配存在明显区别，故本书采用德科斯特（2007）的分类方法。

2.1.4　拣货策略

拣货是指客户订单到达时，为履行客户订单，需将 SKUs 从其货位上取出。拣货中不同的组织变量决定了不同的拣货方法，这些变量包括是否批量拣货、是否同时进行分类、存储区域是否分区等。根据是否批量拣货，将拣货方法分为单订单拣货（single order pick）与批量拣货（batching picking）。前者指一个订单由一位拣货员一次拣货完毕，后者则指多个订单组成一个批（batch）后被同时拣货。根据拣货过程中是否对 SKUs 同时进行分类，将批量拣货划分为边拣货边分类（sort while pick）与拣货后再分类（sort after pick）。前者指拣货过程中同时按订单将 SKUs 进行分类（sorting），后者则指分类在拣货完成之后再进行。

分区（zoning）指将存储区域划分为多个区域（zone），每个拣货员仅在其拣货区域工作。分区能使拣货员的移动范围变小、对拣货产品的位置更熟悉，以及减少拣货中的阻塞等。若存储区域进行了分区，拣货又分为逐渐装配（progressive assembly or pick and pass）与并行拣货（parallel or synchronized picking），前者指同一批订单在不同分区依次拣货，或者则是在不同分区同时拣货。有关分批、分区与分类的详细描述请参见德科斯特等（2007）与顾等（2007，2010）的文献。

2.1.5 路由策略

拣货过程中拣货员的基本决策是路径选择问题，即路由（routing）问题。路由问题是旅行商问题（travelling salesman problem，TSP）的一个特例，也称斯坦纳问题，其特征是有些节点不必遍历，而其他节点能被遍历多次，如图 2 - 2（a）所示。一般地，斯坦纳 TSP 问题在多项式时间上是不可解的。然而，当计算机运行时间与通道数、拣货位置线性相关时，拉特利夫和罗森塔尔（Ratliff & Rosenthal，1983）给出多项式时间动态规划算法，来最优化地求解该问题。随后，其他研究者放松一些假设，并提出各种算法求解该问题（de Koster & van der Poort，1998；Roodbergen & de Koster，2001a，2001b；Daniels et al.，1998）。

实践中，拣货员的路由问题主要采用启发式方法。德科斯特等

（2007）将路由启发式方法分为六类：横穿型（traversal or S shape）、返回型（return）、中点型（midpoint）、最大间距型（largest gap）、组合型（combined）与最优型（optimal）。所谓横穿型，对于至少包含一个拣货点通道，拣货员将穿过整条通道，如图 2-2（b）所示。对于返回型，拣货员进入和离开通道在相同的交叉通道口，如图 2-2（c）所示。中点型以存储区域中间为界，对于前半部分的分拣点，拣货员从前交叉通道进入或离开，反之则从后交叉通道进入或离开，如图 2-2（d）所示。最大间距型类似于中点型，当一个通道存在三个及以上分拣点即存在最大间距时，拣货员行走至最大间距点再返回，如图 2-2（c）所示。对于组合型，拣货员要么穿过整条通道，要么返回，即 S 型与返回型的组合，如图 2-2（f）所示；最优型则指行走距离最短的行走策略。

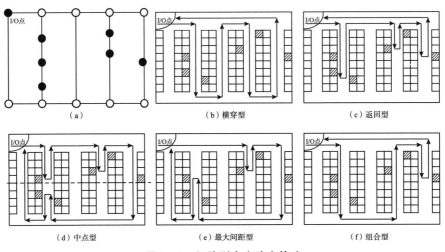

（a）　　　　（b）横穿型　　　　（c）返回型

（d）中点型　　　　（e）最大间距型　　　　（f）组合型

图 2-2　矩阵型仓库路由策略

　　尽管构建最优型路由启发式算法是可能的，但实践中一些简单的启发式算法由于更易理解且行走线路更一致，从而被广泛使用，如横穿型、返回型、最大间距型等。

2.1.6 订单分拣系统的分类

德科斯特等（2007）将订单分拣系统分为雇用人与雇用机器两大类，如图 2 - 3 所示。雇用机器的系统又分为自动拣货系统与拣货机器人。在雇用人的系统中，拣货员在通道中拣出 SKUs 至仓库 I/O 点的人至物（picker to parts）系统是最普遍的；使用起重机将 SKUs 从拣货点取出至仓库 I/O 点的物至人（parts to picker）系统也被广泛使用。关于人至物的系统，拣货中不同的组织变量决定了不同的拣货方法，请详细参阅本章 2.1.4 节。

最典型的物至人的系统是 AS/RS（automated storage & retrieval systems，自动存储/检索系统）。起重机的运作模式包括单命令（single command）、双命令（dual command）和多命令（multiple command）三种方式。在单命令模式下，起重机要么是从仓库 I/O 点将 SKUs 摆放在其货位上后返回，要么从仓库 I/O 点到货位上将 SKUs 取出后返回。双命令模式中起重机从仓库 I/O 点将 SKUs 摆放在其货位上，然后从其他货位上取出 SKUs 至仓库 I/O 点，也称交叉存取。多命令模式则是一次交叉存取多种 SKUs。

订单分货系统（put systems）在互联网时代越来越普遍，与人至物的系统统称为手工订单分拣系统。需指出的是，货位分配、分批、分区、分类与路由等策略是上述三类雇用人系统的主要决策。

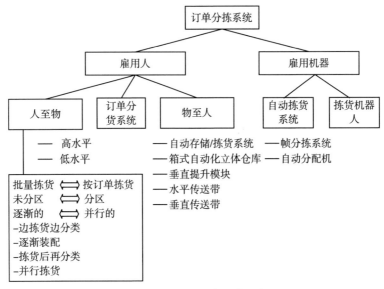

图 2 – 3   订单分拣系统分类

资料来源：de Koster R，Le – Duc T，Roodbergen K J. Design and control of warehouse order picking：A literature review ［J］. European Journal of Operational Research，2007，182：481 –501.

2.2   国内外相关研究现状

本节对订单分拣系统的国内外相关研究现状进行综述。首先，本书综述了国内外关于订单分拣系统的主要研究方法。其次，对货位分配策略、分区策略、分批策略、路由策略等国内外的相关研究现状进行综述，其中分区策略、分批策略属于拣货策略的范畴。最后，对订单分货系统的国内外研究现状进行概述。

2.2.1   订单分拣系统的研究方法

自豪思曼等（1976）在行走时间模型开创性工作以来，解析的方法（也称静态模型）与模拟的方法（也称动态模型）被广泛地应用于订单分拣系统绩效的研究。解析的方法对问题进行顶层抽象、依赖于非常严格的假设，使用纯数学模型来回答特定问题，关注订单分拣系统的平稳状态行为。但是，在放松相关严格假设后，解析的方法会给现实世界中应用带来不确定性。而基于模拟的动态模型能克服这些缺憾、再造订单分拣的动态过程与捕捉影响行走时间的随机性因素。关于订单分拣系统模型的详细阐述，请参阅加利亚尔迪等（Gagliardi et al.，2012a）的文献。

豪思曼等（1976）基于"时间正方形"仓库，假设每个产品拥有一个存储位置即 $LTPR = 1$（locations to product ratio，货位数与产品数的比例，以下简称 $LTPR$），分别给出单程单命令情形下行走时间的离散模型与连续模型。在离散模型下，将 N 个 SKUs 的吞吐量 $\lambda_j(j = 1，\cdots，N)$ 进行非递增排序（$\lambda_j \geqslant \lambda_{j+1}$），I/O 点到存储位置 i 的时间 $y_i(i = 1，\cdots，N，y_i \geqslant y_{i+1})$，由此计算出固定分配、吞吐量分配的单程期望行走时间。由于离散模型更符合实际，被许多学者作为量化其解析模型精确性的基准。

在连续模型下，i、j 变成 [0，1] 间的连续变量，此时 i 为靠近 I/O 点的货位数占所有货位数的比例，到仓库任意点（x_1，x_2）的时间采用切比契夫距离度量，从 I/O 点到 i 存储位置的时间为 $y_i = \sqrt{i}(0 < i \leqslant 1)$，产品的订购基于标准的经济订购批量模型（economic order quantity，EOQ）。由于库存量分布呈现为熟知的 ABC 现象，故引入 ABC 曲线，其定义为累计需求的百分比与库存的 SKUs 的比值，用函数 $G(i) = i^s(0 < s \leqslant 1$，$s$ 因子表示曲线的倾斜度，s 越小意味着相同数量的 SKUs 占总需求的比例越高）表示，由此得出连续模型下的期望行走时间。

　　基于豪思曼等（1976）的研究，格雷夫斯等（Graves et al.，1977）引入交叉存取功能，分别测试了位置分配策略、系统执行双命令能力与拣货排序对行走时间的影响。波泽尔和怀特（Bozer & White，1984）认为上述研究中"时间正方形"仓库的假设太过严格，进而研究了"时间长方形"（rectangular in time）仓库的单程单命令的期望行走时间，其结果非常接近离散模型。对于随机存储下的单程单命令方式，帕里克和梅勒（Parikh & Meller，2010）通过对模型进行调整，给出一个更简单的期望行走时间公式。大量文献在不同假设下，使用解析的方法对期望行走时间或距离进行了求解，如贝托里尼等（Bortolini et al.，2015）。

　　作为评价复杂模型反应的数字分析技术，模拟模型能解决现实系统中难以解析求解的复杂问题，例如上述解析模型都假设货位利用率为100%（$LTPR = 1$），也未考虑多通道环境，这些假设在现实系统中往往并不成立。施瓦茨等（Schwarz et al.，1978）使用模拟的方法，测试和扩展了豪思曼等（1976）和格雷夫斯（1977）解析模型中不同吞吐量分布下货位分配策略对行走时间的影响。该模拟假设SKUs满足泊松到达流、到达队列拥有无限缓冲、SKUs停留时间服从一定的概率分布，且存储位置的利用率可以小于100%（$LTPR \geqslant 1$）。林和威斯克（Linn & Wysk，1984）最早给出了允许分析多种情境下AS/RS的模拟模型，该模型主要模拟AS/RS中起重机驻留点的位置、请求排序、货位分配等控制问题。之后，他们进一步模拟了需求存在季节性时AS/RS不同控制策略（Linn & Wysk，1987）。范登博格和格曼（Van den Berg & Gademann，2000）给出关于AS/RS控制策略最全面的模拟研究，在吞吐率、产品组合与订购政策为常量，可得的SKUs数量服从正态分布，存储与拣货请求队列相等的假设下，比较了不同货位分配策略、存储与拣货请求排序绩效的差异。

货位分配策略的模拟引起许多学者的关注，一般采用更符合实际的假设：$LTPR > 1$。阿加里尔（Azadivar，1984）在最小化单命令 AS/RS 全程行走时间的目标下，在给定 SKUs 存储请求的到达率、拣货请求服从给定 LOS 分布的条件下，提出迭代模拟—优化算法，来测试货位分配策略的影响、对系统进行随机优化，该算法可与模拟模型进行交互，使用随机优化来获取最优变量值。库瑞尔等（Kulturel et al.，1999）模拟了单命令 AS/RS、SKUs 被划分为 3 类的货位分配策略，假设补货模型为 (s, Q)，同一类 SKUs 补货提前期相同，模型结果显示 COI 要优于 LOS，且差距随 SKUs 数量的增加而减少。福瑞和马姆伯格（Fukunari & Malmborg，2008）创新地使用队列理论来估计单命令 AS/RS 的行走时间，该模型将每个货位看成一个服务器，使用 M/M/N 泊松队列模型，模拟发现当 $LTPR > 1$ 时，最近空位分配要优于随机分配。加利亚尔迪等（2012b）给出了一个更符合实际的离散事件模拟模型，对随机分配、基于类的分配、吞吐量分配的绩效进行了比较，该模拟模型可适应不同情景的变化。

2.2.2 关于货位分配策略的研究

货位分配策略对分货与拣货效率产生较大影响（Yu & de Koster，2013），是订单分拣系统的焦点之一。现有文献一般以最小化行走时间或行走距离为决策目标，基于完全信息、每个 SKU 拥有货位（$LTPR = 1$）来研究位置分配策略问题。所谓完全信息，是指 SKUs 到达或离开的数量与时间、仓储区域的布局与数量等都是已知的。从拣货绩效上看，普遍的结论是固定分配最优，基于类的分配次之，而随机分配最差（Hausman et al.，1976；Graves et al.，1977）。但随机分配具有更大的灵活性，且可获得较高的空间利用率（Choe & Sharp，1991）。由于拣货时间最短，吞吐量分配被研究者加以广泛讨论（Graves et al.，1977；Lee & Elsayed，2005）。然而，需求的变化性、产品组合的改变等因素使得吞吐量分配在实践中难以实施（Tompkins et al.，2003；Roodbergen & Vis，2009）。而基于类的分配相对容易实施，因此，其被认为是提高订单分拣系统绩效的可行的解决方案（Schwarz et al.，1978；Petersen et al.，2004）。并且，由于各类别的SKUs在其存储子区域采取随机分配获取货位，也能获得灵活性与高空间利用率的优势（Chan & Chan，2011）。

基于类的分配主要决策包括子区域在存储区域的配置、划分类的准则、类的边界与类的数量等。关于子区域在存储区域的配置，在AS/RS系统中"L"型（L shaped）子区域配置被广泛加以讨论；在手工订单分拣系统中，子区域的配置有同一类在同一通道内与同一类跨越不同通道内两种方式；彼得森（Petersen，1999，2002）通过模拟，分别比较上述两类配置的行走时间；勒杜克和德科斯特（Le - Duc & de Koster，2005a）针对返回型路由策略，最优化求解了子区域配置问题；勒杜克（2005）进一步将结果向其他路由策略进行了扩展。划分类的准则一般采用 COI、LOS、拣货量等单准则。COI 指SKU 的存储空间与其存储/拣货次数的比值，COI 越小，其货位越靠近仓库 I/O 点（Schuur 2015；王艳艳等，2015）。LOS 指 SKU 在仓库的停留时间，LOS 越小，其货位越靠近仓库 I/O 点（邓爱民等，2013）。曼齐尼等（Manzini et al.，2015）提出基于产品生命周期划分 SKUs 类别的方法。很少有文献讨论多准则划分问题，穆帕尼和阿迪尔（Muppani & Adil，2008a，2008b）以最小化存储空间成本与订单拣货成本为目标，并用这两个指标来划分类与位置分配，由于目标函数非线性且整形变量的纳入，他们分别用模拟退火算法、分支定界算法来求解该整数规划问题，模拟的结果显示上述两个算法均优于动态规划算法。类的边界是如何切分类的问题，豪思曼等（1976）最早求解了 L 型仓库中两个类的边界；罗森布拉特和埃南（Rosenblatt & Eynan，1989）扩展至任意给定类别数量，对类的边界进行了求解；埃南和罗森布拉特（Eynan & Rosenblatt，1994）基于上述方法，向"时间长方形"仓库进行了拓展。类的数量指 SKUs 子集的数量，对于手工订单系统，彼得森（2004）通过模拟发现，吞吐量分配与基于类的分配在行走距离的差距主要依赖于分类策略与路由方法，在实践中类的数量为 2~4 时最易实施；对于 AS/RS 系统，杨（Yang，1988），范登博格和格曼（2000）发现 6 个类是最优的选择；余等（Yu et al.，2015）对类的数量和类的边界进行了研究。

在不确定性下，顾、戈茨查尔克和麦金尼斯（Gu, Goetschalckx & McGinnis，2007）认为因完全无信息仅能采取最近空位分配（或随机分配）。秦和杨（Qin & Yang，2007，2010）认为上述常用的货位分配策略存在明显区别，不能简单地进行等价化处理，并通过花卉拍卖中模拟发现最近空位分配的分货效率远高于随机分配。在此基础上，秦、陈和马（Qin, Chen & Ma，2015）进一步提出改进的基于类的货位分配策略，该策略在各类子区域中用最近空位分配代替随机分配，其分货效率高于经典的基于类的分配策略，主要是因为最近空位分配能让各子区域更紧凑且 SKUs 数量多的客户大都更早出现。

少数文献研究了不同货位分配策略下仓库形状对行走时间或距离的影响，这类研究有助于仓库设计阶段的决策，如随机分配（Roodbergen，2001）、2 个存储块时的吞吐量分配（Caron et al.，2000）、基于类的分配（Le – Duc and De Koster，2005b）；彼得森（2002）通过模拟研究了通道长度与通道数量对行走时间的影响。

关于货位分配策略的研究，国内外学者也通过一些算法对其进行优化，例如，基于 Pareto 最优解的改进粒子群算法（陈月婷、何芳，2008；李玥等，2022）、模糊数学（刘峰等，2011）、禁忌搜索算法（杨朋等，2011；黎浩东等，2008；Chen et al.，2010）、遗传算法（赵雪峰等，2012）、多色集合和粒子群算法相结合（杨玮等，2012）、结合模拟退火算法的混合粒子群算法（杨玮等，2014）、嵌套分区算法（李小笠等，2014）、快速非支配排序遗传算法（NSGA – II）（于战果等，2015）、模拟退火算法（Atmaca & Ozturk，2013）。当分拣系统中存在多个分拣人员时，潘等（Pan et al.，2012）提出启发式货位分配策略，最小化订单的平均分拣时间。结果表明尽管随机分配策略能够降低分拣人员堵塞的影响，但是会产生不必要的行走距离。

需指出的是，大多数文献主要关注货位分配策略对拣货效率的影响。很少有文献研究部分信息或无信息时的货位分配策略及其绩效改进问题。顾等（2007）认为无信息时仅能使用一些简单的货位分配策略，如最近空位分配、随机分配等。很少有文献讨论货位分配策略的组合问题，如基于类的分配与固定分配的组合。

2.2.3　关于数据驱动的货位分配策略研究

数据驱动的货位分配策略起源于关联分配（存储）策略的研究，其将关联性大的 SKUs 就近存储，以减少拣货行走距离或时间。SKUs 之间的关联性主要有两类：一是需求的关联性，二是拣货的关联性。聚族技术被广泛用于识别产品之间的各类关联性（Yang & Nguyen，

2016；Ming Huang et al.，2014；Chuang，Lee & Lan，2012，2016；邹霞等，2019），其根据关联性规则、基于历史数据对 SKUs 进行族分组，研究发现关联存储策略的拣货绩效通常高于基于类的分配策略（Glock & Gross，2012）。本质上，聚族技术也是一种数据驱动的方法。

考虑到 SKUs 两两之间在客户订单中的关联性，李、莫哈达姆和诺夫（Li，Moghaddam & Nof，2016）提出一种新的货位分配策略，以减少订单分拣的时间。潘和陈（Pan & Chan，2017）研究表明，在随机的人至物的仓库中，根据 SKUs 在订单中的关联性决策存储位置，其绩效将优于最近空位分配和固定分配。考虑到 SKUs 两两之间的互补性和替代性，蒋、林和陈（Chiang，Lin & Chen，2011）提出新的关联指标衡量周转率，频率以及产品的关系属性。将在同一客户订单中出现频率较高的 SKUs 存储在同一通道内，其绩效优于随机分配。蒋、林和陈（2014）进一步深入研究，运用改进的基于类的启发式和基于关联种子的启发式算法，决策最优的存储位置。除了考虑 SKUs 两两之间的关联性之外，张、王和潘（Zhang，Wang & Pan，2019）引入需求关联规律的概念来描述 SKUs 的相关性。王等（Wang et al.，2020）基于历史数据充分考虑客户订单的特征和 SKUs 的需求频率等信息，提出新的货位分配策略，有效提高订单分拣效率和大规模问题的求解效率。此外，数据驱动方法也被用来发现订单之间的关联性，以构建订单批次（王旭坪等，2014；2016）。

由此可见，数据驱动的方法主要被用于关联存储策略和订单分批策略。在分货系统中的研究较少。

2.2.4 关于分区策略的研究

分区策略的首要决策是确定分区数量、分区大小及形状等。格雷等（Gray et al.，1992）提出了分区与拣货员的数量、分区大小、各分区的存储策略、订单批量规模等分区设计的层次框架模型。彼得森（2002）通过模拟发现分区形状、拣货项数量、存储策略对分区内的行走距离具有较大影响。德科斯特（1994）将逐渐装配模型转化为杰克逊队列网络（Jackson queuing network），用于估计订单吞吐时间与再制品数量，并用于分区数量与大小的决策。勒杜克和德科斯特（2005a）使用混合整数线性规划，求解了并行拣货时分区的最优数量。德科斯特和余（de Koster & Yu，2008）将分区的概念引入阿斯米尔拍卖市场的分货中心，由于减少堵塞，分货的完成时间显著缩减。

分区问题的另一个决策是如何在各分区间分配 SKUs。采用逐渐装配方法时，其关键是 SKUs 在各分区间的分配要使各拣货员的工作量均衡，该问题类似于流水线平衡。简（Jane，2000）提出一个简单的启发式算法在各分区间分配 SKUs，平衡拣货员之间的工作量。余和德科斯特（2009）基于排队论提出近似模型，分析在逐渐装配系统中，订单批量处理和分拣区域分区对平均订单完成时间的影响。对于并行拣货系统，简和莱（Jane & Laih，2005）基于同一订单上的 SKUs 存储在同一分区的想法，研究了并行拣货系统 SKUs 的分配问题；杰克斯（Jewkes et al.，2004）基于动态规划，对 SKUs 在各分区间的分配、各分区的大小、各分拣员的基准位置进行了求解。其他的相关研究还包括分区与分批的结合能显著提高拣货效率等（Mellema & Smith，1988；Brynzér & Johansson，1995）。张贻弓和吴耀华（2009）提出 0 ~ 1 规划模型，研究双分拣区的品项优化问题，并用最大最小蚁群系统算法求解。

2.2.5 关于分批策略的研究

分批策略的核心是如何将众多订单组成多个批。崔和夏普（Choe & Sharp，1991）提出两类分批方法：订单相似度分批（proximity batching）与时间窗分批（time window batching）。订单相似度分批根据拣货位置的临近性将订单分成批，批中的所有订单行走路径相同，该问题属于经典的车辆线路问题（vehicle routing problem，VRP）的一个变体，因此是 NP – hard 问题。现有文献大都聚焦订单相似度分批问题，主要基于 VRP 问题的两类算法开展研究，即种子算法（seed algorithm）和节约算法（saving algorithm）。种子算法开始选择一种子订单，作为批的初始成员，随后其他订单按照路线近似准则逐渐加入到种群中，直至受能力约束的影响不能再加入订单。种子算法被广大研究者用于订单相似度分批的研究（Elsayed，1981；Elsayed & Stern，1983；Elsayed & Unal，1983；Hwang & Lee，1988；Hwang et al.，1988；Pan & Liu，1995；de Koster et al.，1999），肖建和郑力（2008）等。节约算法开始时将每个订单分配在各个独立的批中，然后迭代的基于节约原则选择一组批进行组合，直至受能力约束的影响不能再进行组合。节约算法也被广大研究者用于解决订单相似度分批问题（Rosenwein，1996；Hwang & Lee，1998；Elsayed & Unal，1989；de Koster et al.，1999）。上述两类算法的核心是订单至线路的相似度衡量指标，关于相似度衡量指标与上述两类算法的文献综述请参见德科斯特（2007）、顾等（2007；2010）、易艳娟（2011）的相关文献。

在时间窗分批下，所有在相同时间间隔内到达的订单被组成一个批。时间窗分批的文献相对较少。唐和秋（Tang & Chew，1997）、秋和唐（Chew & Tang，1999）、勒杜克和德科斯特（2003，2007）研究了手工订单分拣系统中订单随机到达情形下可变时间窗分批问题，上述研究将时间窗分批简化为一个批服务队列，进而很直接地得出最优批量规模，该方法在实践中很容易实施。

上述研究的决策目标主要是最小化行走时间，未考虑订单等待时间及其引发的惩罚成本。埃尔萨耶德等（1993）、埃尔萨耶德和李（Elsayed & Lee，1996）将最小化惩罚成本和延迟时间纳入决策目标，对订单分批进行了研究；元和奥拉夫松（Won & Olafsson，2005）研究了同时考虑分批与拣货运作情形下最小化客户响应时间问题。

2.2.6　关于路由策略的研究

卡朗等（Caron et al.，1998；2000）通过模拟发现，横穿型、返回型与最大间距型的行走距离是近似相等的。事实上，若拣货点等概率地分布在中间线的两侧，上述三种路由策略几乎是等价的。彼得森和施曼纳（Petersen & Schmenner，1999）分析在基于吞吐量分配和随机分配下，组合型是最佳启发式路径策略，与最优型的差距有1.7%，最大间距型与最优型的差距有2.1%，横穿型与最优型的差距有6.8%。启发式路径策略的绩效与分拣单的规模有关，尤其是返回型和横穿型。基于 *COI* 的货位分配策略，黄等（Hwang et al.，2004）对比几种路由策略和存储策略的绩效。当订单规模小时回转策略和交叉通道存储策略的绩效比较好。当订单规模较大时，穿越策略和通道内存储策略的绩效比较好。中点策略和周边存储策略通常优于前面两者。

穆聪聪和郭敏（2015）使用偏离度决定拣选路线。偏离度是描述一个子通道内，某个拣货点与子通道中心点之间的距离关系。德克尔等（Dekker et al.，2004）给器具批发商 Ankor 的仓库改善订单分拣的响应时间。研究发现采用中点启发式路径和中点存储方式能够降低28.9%的分拣距离，分拣绩效得到很大提高。在自动化存取系统中，塔纳卡和荒木（Tanakaa & Araki，2009）基于共享货位的分配策略，如随机分配，分类分配，应用混合整数规划求解最优存取路径。在射频识别技术（RFID）的大型仓储系统中，由于仓储规模较大，传统的拣货路径模式无法快速分拣订单。王永波，等（2013）提出蚁群—粒子群优化算法，优化大型仓储拣货的路径。陆等（Lu et al.，2016）研究在分拣期内分拣单货物发生变化的动态分拣路径策略，提出一种干涉路径算法优化动态分拣路径。

2.2.7 关于订单分货系统的相关研究

关于订单分货系统研究的相关文献较少，主要是关于农产品拍卖中分货运作的研究，其缘由是因为农产品拍卖在过去40年广泛存在世界各地的农产品交易中，且农产品拍卖中分货量巨大、购买商对分货时间要求高。同样地，货位分配、分批或排序、分区、路由等策略是订单分货系统的主要运作决策。与人至物的系统相区别的是，在订单分货系统中，货位分配主要关注分货效率，分批或排序只能在分货前进行，分区则仅能采取逐渐分货方式，但与人至物系统中的逐渐装配问题相同即流水线平衡问题。而路由策略与人至物的系统基本相同。

德科斯特、勒杜克和鲁德伯根（de Koster，Le - Duc & Roodbergen，2007）发现在一个良好运作的订单分货系统中，每位分货员每小时能大约处理 1000 笔订单。德科斯特和余（2008）在阿斯米尔花卉拍卖市场通过分区来最小化分货完工时间，以满足其交易量日益增长的需要。秦和杨（2008）结合花卉拍卖中心的案例，采用模拟的方法对货位数固定、客户数量未知情形下（即 $LTPR > 1$）的货位分配进行了研究，并将最近空位分配与固定分配结合，模拟结果显示：从行走距离上看，最近空位分配优于随机分配，但比最近空位分配与固定分配相结合要差。秦和杨（2010）进一步考虑客户的需求不确定性的影响，讨论了最近空位分配、随机分配等货位分配策略下，货位大小对再分货次数、空间利用率等的影响。随后，秦等（2015）构建了订单分货系统的离散模型，基于历史数据，提出基于类的货位分配策略的实施方案，并对基于类的货位分配策略进行改进，即 SKUs 在其所属类的子区域采用最近空位分配，而不采用随机分配，并对仓库形状、各子区域货位数量进行敏感性分析。模拟结果显示：在部分信息下，最近空位分配优于基于类的分配，但比改进的基于类的分配要差，且仓库形状、各子区域货位数量对位置分配策略具有明显影响。孔等（Kong et al.，2017，2018）研究了使用物联网的拍卖市场中的排序、分配与分货等的调度问题，并提出一个机器人使能的执行系统，以提高空间利用率、降低处理时间。朱等（Zhu et al.，2022）基于大量历史数据识别需求量大的客户，在分货运作开始前为其预先分配存储区域。

由此可见，关于订单分货系统的研究，现实实践与学术研究存在巨大鸿沟，尽管德科斯特、勒杜克和鲁德伯根（2007）指出当在线销售越来越流行、快速分拨越来越成为现实需要时，学术界应加强不确定性下订单分货系统分货运作的研究。

2.3　国内外研究发展动态分析

有关本问题领域国内外研究发展动态评述如下：

第一，现有文献主要基于完全信息和静态情形下，研究货位分配策略对拣货效率的影响。在客户随机到达和随机需求的不确定情形下，研究货位分配策略对分货效率影响的研究仍较少。

第二，不同的货位分配策略各有其优缺点，但货位分配策略的组合问题研究并多见。尽管基于类的货位分配策略有很多优点，但子区域在存储区域的配置、划分类的准则、类的边界与类的数量等问题并未得到彻底解决，特别是在需求不确定性下如何实施基于类的货位分配策略现有文献还很少涉及。

第三，在订单分货系统中，若采用分区策略，同一待分货可移动货架上的 SKUs 将分属不同分区，只能采取逐渐分货策略。逐渐分货类似于拣货系统中的逐渐装配，其关键是各分货员之间的工作量均衡。由于工作量均衡问题被广大研究者加以研究，且多辆待分货可移动货架的逐渐装配会导致分货区阻塞。因此，本书不考虑分货中的分区问题。

第四，尽管路由问题是一个经典的数学问题，且引起广大研究者的广泛关注。但在实践中，一些简单的、直觉的、可靠的启发式方案更容易被分货员执行；且根据卡朗等（1998，2000）的模拟，这些简单的启发式算法的行走距离近似相等。为简单化，本书不考虑路由问题。

第五，在客户随机到达和随机需求下，再分货将成为另一难点：

要么根据客户需求在分货区给客户分配一至多个货位，要么采用再分货策略。但前者由于分货区的扩大将导致行走距离变长，而后者将招致再分货行走距离且是一个迭代问题。

第六，数据驱动方法基于历史数据集分析其规律及预测趋势。在货位分配策略的研究中，数据驱动方法主要用于分析 SKUs 之间的相关性以决策货位，较少涉及不确定性下订单分货系统中的货位分配决策。

第 3 章
行走距离模型与无信息时的
货位分配策略

3.1 引　　言

本章在假设 H1 成立下研究无信息时的货位分配策略问题。在订单分拣系统领域，豪斯曼等（1976）率先从拣货效率角度，建立了包括离散模型与连续模型的行走时间模型。由于连续模型更易求解，其被许多学者用于分析订单分拣系统的拣货效率。在订单分货系统领域，秦等（2015）率先从分货效率角度，建立了行走距离的离散模型。本质上，行走时间模型与行走距离模型是等价的（de Koster et al.，2007）。为此，本书将以最小化行走距离为目标，分别建立订单分货系统的离散模型与连续模型，并拟将吞吐量分配（full turnover，FUL）的行走距离作为基准。由于离散模型更符合实际，本书主要基于离散模型进行分析。

根据顾等（2007）的观点，当 SKUs 到达属于无信息时，仅有以下 4 种简单的位置分配策略可以使用：（1）随机分配（random，*RAN*）；（2）最近空位分配（closest open location，*COL*）；（3）最远空位分配（farthest open location，*FOL*）；（4）时间最长空位分配（longest open location，*LOL*）。事实上，*COL*、*FOL*、*LOL* 分配 *SKUs* 货位的思路是一致的。在随机到达情形下，若 *LTPR* = 1（即客户数与货位数相等），*RAN* 与 *COL* 是等价的。为此，本章将首先求解 *RAN* 的期望行走距离。然后，再分析无信息时给 *RAN* 带来的影响，进而分析最近空位分配优于随机分配的原因。

在现实决策中，行走距离模型的很多假设，如客户随机到达的假设，可能并不成立，由此导致解析的结果与实证的结果存在偏差。由于模拟的方法能更好地集成现实决策中的随机性与动态性，为此，本书将结合某花卉拍卖市场订单分货系统的实例，采用 SQL server 2017 工具进行模拟，并分析产生差距的原因。

本章的基本结构如下：3.2 节首先提出订单分货系统的基本假设，建立行走距离的离散模型与连续模型，并确立分货绩效改进的基准。3.3 节基于 3.2 节的假设求解 *RAN* 的期望行走距离，并分析无信息给 *RAN* 带来的影响。3.4 节利用实际数据，模拟 *RAN*、*COL* 的实际结果，并分析与 *FUL* 之间的差异。

3.2　模型与假设

本节首先描述一简单的订单分货系统，其次提出基本假设，分别建立行走距离的离散模型与连续模型，并以吞吐量分配作为行走距离模型的基准，来分析货位分配策略对分货绩效的影响。

3.2.1 订单分货系统

考虑一个简单的订单分货系统，其基本的分货流程，如图 3 – 1 所示。同一批到达的 SKUs 被装载在可移动货架上，这些 SKUs 分属不同的客户；装载着不同批的可移动货架连续到达，依次被放置在缓冲区；分货员依次从缓冲区取一可移动货架，根据 SKUs 所属客户的货位，将 SKUs 放置在其所属客户的货位上；当该可移动货架的 SKUs 被分货完毕后，将被放置在临近的空货位上。

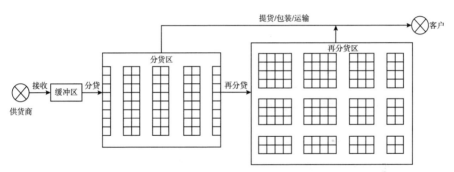

图 3 – 1 考虑再分货时的分货流程

缓冲区位于分货区的 I/O 点。在分货开始前，分货区里将事先摆放一些空的可移动货架，用于装载客户到达的 SKUs。随着分货的进行，若某客户的可移动货架满，则分货员在返回分货区 I/O 点途中，将满载该客户 SKUs 的可移动货架运至 I/O 点，然后由再分货员从分货区的 I/O 点运至再分货区，上述流程简称再分货。存在再分货的客户，分货结束后其所有可移动货架必须摆放在再分货区以便提货。不存在再分货的客户，其 SKUs 将始终驻留在分货区。

同一时间窗内共有 J 个待分货的可移动货架到达缓冲区，总共出现 I 个客户，不同时间窗内的 I、J 可能不同。每个待分货的可移动货架上的 SKUs 可能属于 1 至 K 个客户，不同可移动货架的 K 可能不同。分货结束后，客户将进行提货，或由仓储中心进行包装后运输给客户。

任一时间窗内，某客户是否出现仅当其到达时才知晓，且其需求量仅当分货结束后才可知，即本书所特指的不确定性。由于客户需求的不确定性，显然再分货问题是一迭代的问题，即某客户再分货区的容量可能仍然小于其需求。若再分货策略相同，则从分货区 I/O 点到再分货区的行走距离都是相等的，且再分货都是整辆可移动货架的移动。为此，再分货问题在第 3 章、第 4 章并不进行讨论，其详细讨论详见本书的第 5 章。

3.2.2　符号与假设

分货区的布局为矩形，共有 N 个通道，每个通道的两侧均配置 M 个货位，共有 $2M \times N$ 个货位，如图 3 - 2 所示。分货通道、前向通道、后向通道足够宽，允许可移动货架的双向行驶。彼得森和阿斯（Petersen & Aase，2004）通过模拟发现，I/O 点位于前向通道的中间将产生较少的分货时间，但位于分货区的左上角时仅产生微量的增长。在仓储实践中，大多数仓库的 I/O 点都位于仓库的左上角，且大多数文献构建仓储模型时都假设位于仓库的左上角（Chew & Tang，1999；Rosenwein，1996；Gibson & Sharp，1992；Yu & de Koster，2009）。为此，本书假设 I/O 点位于分货区的左上角。

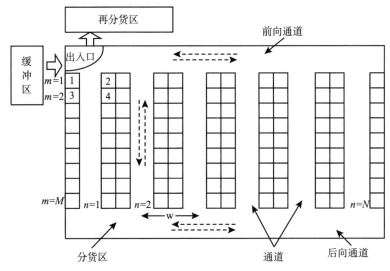

图 3 – 2　分货区布局

路由策略也将影响分货员的行走距离。"S"型、返回型、中点型、最大间距型等四种路由策略相对更易被分货员所理解，因而在实践中被广泛采用（Chen et al.，2010）。卡朗等（1998，2000）通过模拟发现，"S"型、返回型、中点型、最大间距型等路由策略的行走距离近似相等。为此，本书并不考虑路由策略的影响，将分货员的路由策略统一为"S"型。

假设客户仅分配一个货位且再分货策略固定，即假设 H1 成立的前提下，为便于基本模型的求解与模拟，并结合订单分货系统的实际，基本模型的其他假设如下：

H2：所有可移动货架大小一致，且长宽相等。为便于处理，假设长度和宽度都为 1。每辆可移动货架可装载 q_0 单位的 SKUs。所有到达缓冲区的可移动货架上的 SKUs 可能属于 1 至 K 个客户。到达缓冲区的可移动货架 j 上的 SKUs 数为 q_j，满足 $q_j \leq q_0$。

H3：所有货位的大小与可移动货架大小一致，容量也为 q_0 单位。

每个客户仅允许分配一个货位。分货通道、前向通道、后向通道足够宽，允许可移动货架双向行驶。

H4：分货从分货区的 I/O 点开始，分货完毕的空可移动货架放置在临近的空位上。所有装满 SKUs、放置在客户分货位上的可移动货架，其再分货从其货位上开始。

H5：仅考虑分货区内的行走距离。不考虑从分货区的 I/O 点到再分货区的行走距离。

H6：分货员每次仅对一个待分货的可移动货架进行分货。

H7：不考虑分货员处置分货完毕后空可移动货架的行走距离。分货员返回 I/O 点时未转移满载 SKUs 的可移动货架，其行走距离并不考虑，否则将作为转移距离进行处理。

H8：分货员采用 S 型的路由策略。

本书中主要采用的符号如下：

w 为相邻两个通道的中间距离；

m，M 分别表示某货位所在的行与分货区的最大行，$m = 1$，$\cdots$，M；

n，N 分别表示某货位所在的列与分货区的最大列，$n = 1$，$\cdots$，N；

r 为分货区的形状参数；

q_0 为可移动货架的容量；

q_j 为待分货的可移动货架 j 的装载量，$q_j \leqslant q_0$；

L 为可能出现的最大客户数；

i，I 分别表示实际出现的客户 i 与总客户数，$i = 1$，$\cdots$，I；

D_i，$D(i)$ 分别表示离散模型下、连续模型下客户 i 的需求量，$i = 1$，$\cdots$，I；

m_i 为客户 i 的分货位所在的行号，$m = 1$，$\cdots$，M，$i = 1$，$\cdots$，I；

n_i 为客户 i 的分货位所在的列号，$n = 1$，$\cdots$，N，$i = 1$，$\cdots$，I；

V_i 为用于标识客户 i 是否存在再分货的 $0 \sim 1$ 变量；

k，K 分别表示待分货的可移动货架上的客户 k 与总客户数；

$G(i)$ 为前 i 个客户需求量占总需求量的比例；

s 为 ABC 曲线的倾斜度；

j，J 分别表示待分货的可移动货架 j 与总待分货的可移动货架数，$j = 1$，$\cdots$，J；

m_j 为待分货的可移动货架 j 的最远分货位所在的行号，$m = 1$，$\cdots$，M，$j = 1$，$\cdots$，J；

n_j 为待分货的可移动货架 j 的最远分货位所在的列号，$n = 1$，$\cdots$，N，$j = 1$，$\cdots$，J；

A_j 为待分货的可移动货架 j 遍历的通道数；

TD_i，TD 分别表示客户 i 的转移距离与所有客户的转移距离，$i = 1$，$\cdots$，I；

DD_j 为待分货的可移动货架 j 的分货距离，$j = 1$，$\cdots$，J；

DD 为所有待分货的可移动货架的分货距离；

TTD 为同一时间窗内的总行走距离。

3.2.3 离散模型

因最小化行走时间与最小化行走距离等价（de Koster et al.，2007），本书将最小化行走距离作为订单分货系统的分货绩效改进的目标。在订单分货系统中，行走距离（total travel distance，TTD）由分货距离（delivery distance，DD）和转移距离（transfer distance，TD）两部分组成：分货距离为分货员从仓库 I/O 点开始对待分货的可移动货架进行分货时所产生的距离，如图 3-3（b）所示；转移距

离为客户货位满时，在分货区内的转移距离，如图 3 - 3（a）所示
（Qin et al.，2007）。

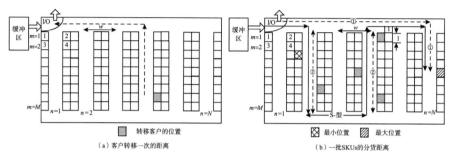

（a）客户转移一次的距离　　　　（b）一批SKUs的分货距离

图 3 - 3　订单分货系统的转移距离与分货距离

首先分析转移距离，根据假设 H3，每个客户仅分配一个货位。
由于客户 i 的需求量 D_i 仅在分货结束后才可知，用 0 ~ 1 变量 V_i 标识
客户 i 是否存在再分货：

$$V_i = \begin{cases} 1, & D_i > q_0 \\ 0, & 其他 \end{cases} \qquad (3-1)$$

图 3 - 3（a）中虚线表示客户 i 的每转移一次的距离。客户 i 的
转移距离 TD_i 等于其转移次数乘以每次转移时的距离，则：

$$TD_i = V_i \times \left\lceil \frac{D_i}{q_0} \right\rceil \times (m_i + w \times (n_i - 1)) \qquad (3-2)$$

其中，$V_i \times \left\lceil \dfrac{D_i}{q_0} \right\rceil$ 表示客户 i 需要转移的次数，$\lceil \ \rceil$ 表示向上取整。
m_i 表示客户 i 货位所在的行号，即转移至 I/O 点的纵向距离，n_i 表示
客户 i 货位所在的列号。则所有客户 I 的转移距离为：

$$TD = \sum_{i=1}^{I} \left(V_i \times \left\lceil \frac{D_i}{q_0} \right\rceil \times (m_i + w \times (n_i - 1)) \right) \qquad (3-3)$$

其次分析可移动货架 j 上 SKUs 的分货距离。根据假设 H8，分货员采用"S"型路由策略。图 3 – 3（b）中实线部分表示分货员的行走路径。待分货的可移动货架 j 的分货距离包括两部分：一部分是整个通道被分货员横穿所产生的距离，见图 3 – 3（b）中虚线②的部分，A_j 为货架 j 进入的通道数，则该部分距离为 $(A_j - 1) \times M$；另一部分是待分货的可移动货架 j 的最远分货点至仓库 I/O 点距离，见 3.3（b）中虚线①的部分，m_j、n_j 分别为货架 j 最远分货点所在的行号和列号。则货架 j 的分货距离为：

$$DD_j = (m_j + w \times (n_j - 1)) + (A_j - 1) \times M \qquad (3 - 4)$$

所有货架 J 的分货距离为：

$$DD = \sum_{j=1}^{J} ((m_j + w \times (n_j - 1)) + (A_j - 1) \times M) \qquad (3 - 5)$$

最后，总的行走距离（total travel distance，TTD）为分货区内所有待分货的可移动货架的分货距离与所有客户的转移距离之和：

$$TTD = \sum_{i=1}^{I} \left(V_i \times \left\lceil \frac{D_i}{q_0} \right\rceil \times (m_i + w \times (n_i - 1)) \right)$$

$$+ \sum_{j=1}^{J} ((m_j + w \times (n_j - 1)) + (A_j - 1) \times M)$$

$$(3 - 6)$$

当假设 H1 满足时，仓储中心分货绩效的改进问题简单化为分货区的分货绩效改进问题，即如何降低分货区内的总行走距离问题。因此，第 3 章、第 4 章主要考虑分货区的行走距离问题。

3.2.4　连续模型

将仓库的货位连续化处理为若干条连续的线段，从仓库 I/O 点遍历所有通道后至分货区终点的距离为1。对任意货位P，用一个二维坐标(x, y)来表示。其中，$x \in (1, \cdots, N)$，表示货位P位于第几条通道内；$0 < y \leq 1/N$，表示货位P距离这条通道顶端点的距离，如图3-4所示。则有：

$$0 \leqslant \frac{1}{N}(x-1) + y \leqslant 1 \qquad (3-7)$$

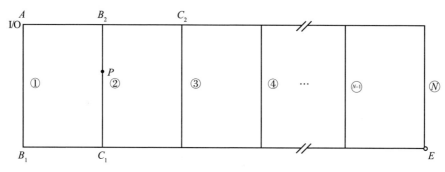

图3-4 连续化后的分货区模型

由于x已代表货位P位于第几条通道，进一步将图3-4合并成一条线段（即将B1与B2合并为点B，以此类推），可以得到连续的货位分布线，如图3-5所示。

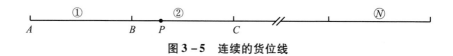

图3-5 连续的货位线

货位P在连续的货位分布线上用一个一维坐标z来表示，$0 < z \leq 1$，表示货位P在货位分布线上距离左端点A点的距离。由此可以得到z与(x, y)的转换关系：

$$z = \frac{1}{N}(x-1) + y \qquad (3-8)$$

由于 x 是整数，从式（3-8）可以看出，z 与（x，y）是一一映射的。即若知道 z 的值，则可知（x，y）的值。反之同样如此。

根据连续模型对客户需求量的处理方法，将客户需求量从大到小进行排序，将出现的所有客户 I 进行连续化处理，即客户数为 1，$0 < i \leqslant 1$。同样地，对客户的总需求量也进行连续化处理，即所有客户的总需求量为 1。令 $D(i)$ 为第 i 个客户的需求量。基于库存管理中的"ABC"现象，定义 ABC 曲线为前 i 个客户的累计需求量与库存 SKUs 项之比，如 $20\%/80\%$ 表示前 20% 的 SKUs，其需求量占总需求量的 80%。令 $G(i)$ 为前 i 个客户需求量占总需求量的比例，使用下述函数表示 ABC 曲线：

$$G(i) = i^s \,(0 < s \leqslant 1) \qquad (3-9)$$

其中，s 为 ABC 曲线的倾斜度，s 越大，ABC 曲线的倾斜度越小，前 i 个客户的累计需求量占总需求量的比例越少。则根据定义：

$$G(i) = i^s = \int_0^i D(x)\,\mathrm{d}x \bigg/ \int_0^1 D(x)\,\mathrm{d}x \qquad (3-10)$$

所有客户的总需求量为 1，即 $\int_0^1 D(x)\,\mathrm{d}x = 1$，$i^s = \int_0^i D(x)\,\mathrm{d}x$，求解后可得：

$$D(i) = s i^{s-1} \qquad (3-11)$$

由此，在给定货位分配策略的情形下，可以推导出连续模型下的期望分货距离与转移距离，进一步可得到期望行走距离。

3.2.5 基准行走距离

吞吐量分配（full turnover storage，FUL）将客户的需求量进行排序，需求量越大的其货位越靠近仓库的 I/O 点。大量文献研究表明 *FUL* 策略的行走距离是最短的。考虑到客户到达的随机性和需求不确定性，客户的需求量仅在分货结束后才能知晓，因此，*FUL* 策略在不确定性的订单分货系统中是难以实施的。但我们可以将 *FUL* 策略的行走距离作为基准，即"伪"最优的，将其他货位分配策略的行走距离与 *FUL* 策略进行比较，假设 *FUL* 策略的行走距离为 TTD_{FUL}，策略 *POL* 的行走距离为 TTD_{POL}，则策略 *POL* 行走距离超出 *FUL* 策略的比例（O_{POL}^{TTD}）为：

$$O_{POL}^{TTD} = \frac{TTD_{POL} - TTD_{FUL}}{TTD_{FUL}} \times 100\% \qquad (3-12)$$

O_{POL}^{TTD} 越大，分货绩效越差，即订单分货系统分货绩效改进的途径是不断寻找分货策略 *POL*，使其与基准的差距越小。

对应地，可得分货距离 *DD*、转移距离 *TD* 超出基准的比例：

$$O_{POL}^{DD} = \frac{DD_{POL} - DD_{FUL}}{DD_{FUL}} \times 100\% \qquad (3-13)$$

$$O_{POL}^{TD} = \frac{TD_{POL} - TD_{FUL}}{TD_{FUL}} \times 100\% \qquad (3-14)$$

3.3 无信息时货位分配策略

如前所述，无信息时的货位分配策略主要是 *RAN* 策略与 *COL* 策略。为此，本节首先求解 *RAN* 策略的期望行走距离；然后，结合订单分货系统不确定的特征，分析无信息对 *RAN* 策略与 *COL* 策略分货绩效差异的影响。

3.3.1 随机分配的期望行走距离

RAN 策略等概率地、随机地在分货区中选择一个空货位分配给新到达的客户。在不确定性下，由于客户数未知，为此在实践中 *RAN* 策略一般采用如下步骤进行：首先，确定分货区形状，即分货区的行数 *M* 与列数 *N*，由此得分货区可用的货位数：$2M \times N$；然后，估计可能出现的最大客户数 *L*，一般地，$L \leqslant 2M \times N$；最后，对于任一时间窗，每位新到达的客户在 1 至 *L* 间取一随机数作为其货位号即可。

因此，在客户到达随机的情形下，*RAN* 策略隐含这样一个假设：$LTPR \geqslant 1$。需指出的是：在订单分货系统中，*LTPR* 特指客户数与货位数的比例，即与最大可能出现的客户数的比例 *L*。由于实际出现的客户数 *I* 一般要小于 *L*，即 $I \leqslant L \leqslant 2M \times N$，$L/I \geqslant 1$，则无信息时的 *RAN* 策略一般满足 $LTPR \geqslant 1$。

为便于求解 *RAN* 策略的期望行走距离，需对 *RAN* 策略进行进一步假设：

H9：假设待分货的可移动货架上的客户随机到达。

下面先求解满足假设 H9 的前提下，任一待分货可移动货架的期望行走距离。求解基本思路如下：先求解待分货可移动货架遍历的期望通道数，然后求解最远分货点所处的列，最后再求解待分货可移动货架的期望行走距离。

定理 1：假设待分货的可移动货架共有 *K* 个货位（$K > 1$），即 *K* 个客户，*K* 个客户随机到达且在分货区随机分配一个货位，分货区共有 *N* 条通道（$N \geqslant 1$），则 *K* 个货位所在的期望通道数 $E_{RAN}(K)$ 为：

$$E_{RAN}(K) = N \left[1 - \left(\frac{N-1}{N} \right)^{K} \right] \qquad (3-15)$$

证明：令 $P_N^K(n)$ 表示第 n 条通道至少有一个分货货位的概率（$n=1$，…，N），令 $\overline{P_N^K(n)}$ 为第 n 条通道无分货位的概率，即为 K 个货位全落在其他通道的概率。由于某个货位落在非 n 通道的概率为 $\dfrac{N-1}{N}$，则 K 个货位全落在非 n 通道的概率为：

$$\overline{P_N^K(n)} = \left(\frac{N-1}{N}\right)^K$$

则第 n 条通道至少有一个分货货位的概率 $P_N^K(n) = 1 - \left(\dfrac{N-1}{N}\right)^K$，则 K 个货位所在的期望通道数 $E_{RAN}(K)$ 为：

$$E_{RAN}(K) = N\left[1 - \left(\frac{N-1}{N}\right)^K\right]$$

根据定理 1，可以推导出有 K 个分货位的可移动货架横穿的通道数，即 $N\left[1 - \left(\dfrac{N-1}{N}\right)^K\right] - 1$。

进一步求解 K 个分货位中最远分货点所在的列号，由于次序统计量的抽样分布通常用在连续总体上，为此本书先采用连续模型求出 z 的期望值，然后根据 z 与（x，y）是一一映射关系推导最远分货点所在列号的期望值。

设 x_1，x_2，…，x_K 是取自总体 X 的样本，$x_{(k)}$ 称为该样本的第 k 个次序统计量，它的取值是将样本观测值由从小到大排列后得到的第 k 个观测值。其中 $x_{(1)} = \min\{x_1, x_2, …, x_K\}$ 称为该样本的最小次序统计量，$x_{(K)} = \max\{x_1, x_2, …, x_K\}$ 称为该样本的最大次序统计量。设总体 X 的概率密度函数为 $f(x)$，分布函数为 $F(x)$，则第 k 个次序统计量 $x_{(k)}$ 的概率密度函数为（茆诗松等，2004）：

$$f_k(x) = \frac{K!}{(k-1)!\,(K-k)!}(F^{k-1}(x))(1 - F(x))^{K-k}f(x)$$

$$(3-16)$$

定理 2：K 个分货位中采用 RAN 策略时最远分货点所在列号的期望值为 $\left\lfloor N\left(\dfrac{K}{K+1}\right)\right\rfloor + 1$ 或 $N + 1 - \left\lceil \dfrac{N}{K+1} \right\rceil$。

证明：根据次序统计量的定义，最远分货点的一维坐标为 z，其概率密度函数为：

$$f_K(x) = \frac{K!}{(K-1)!}(F^{K-1}(x))f(x)$$

$$= K(F^{K-1}(x))f(x)$$

则 z 的期望值 $E(z)$ 为：

$$E(z) = \int_0^1 xK(F^{K-1}(x))f(x)\,\mathrm{d}x$$

可知 x 服从（0，1）间的均匀分布，即 $f(x) = 1$，$F(x) = x$，有此可得：

$$E(z) = \frac{K}{K+1} \qquad\qquad (3-17)$$

根据式（3-8）可知，最远分货点所在列号期望值为 $\left\lfloor N\left(\dfrac{K}{K+1}\right)\right\rfloor + 1$。

由于 $\left\lfloor N\left(\dfrac{K}{K+1}\right)\right\rfloor = \left\lfloor N - \dfrac{N}{K+1}\right\rfloor = N - \left\lceil \dfrac{N}{K+1}\right\rceil$，因此最远分货点所在列号期望值也为 $N + 1 - \left\lceil \dfrac{N}{K+1}\right\rceil$。

对任一有 K 个货位（K>1）的待分货可移动货架，在求解出其期望遍历的通道数与最远分货点所在列号期望值后，就可以求出其期望分货距离。由此可得如下推论：

推论 1：当对任一有 K 个货位（K>1）的待分货可移动货架，在客户随机到达的情形下，若分货区货位采取 RAN 策略，则其期望分货距离 $DD_{RAN}(K)$ 为：

$$DD_{RAN}(K) = M \times \left(N \left(1 - \left(\frac{N-1}{N} \right)^K \right) - \frac{1}{2} \right) + w \times \left(N - \left\lceil \frac{N}{K+1} \right\rceil \right)$$

$$(3-18)$$

由于最远分货点随机分布在分货区中线的两侧，所以很易证明公式（3-18）。

下面求解客户 i 的期望转移距离，由于客户 i 的货位落在第 m 行、第 n 列的概率为 $\frac{1}{M \times N}$，由此可得其期望的转移距离，见定理3。

定理3：若客户 i 随机到达，货位分配策略采用 RAN 策略，则其期望转移距离为：

$$E_{RAN}(TD_i) = V_i \times \left\lceil \frac{D_i}{q_0} \right\rceil \times \left(\frac{(M+1)}{2} + w \times \frac{(N-1)}{2} \right) \qquad (3-19)$$

证明：$E_{RAN}(TD_i) = \dfrac{1}{M \times N} \times \displaystyle\sum_{n_i=1}^{N} \sum_{m_i=1}^{M} \left(V_i \times \left\lceil \frac{D_i}{q_0} \right\rceil \times (m_i + w \times (n_i - 1)) \right)$

$$= \frac{1}{M \times N} \times V_i \times \left\lceil \frac{D_i}{q_0} \right\rceil \times \sum_{n_i=1}^{N} \left(\frac{M \times (M+1)}{2} \right.$$

$$\left. + M \times w \times (n_i - 1) \right)$$

$$= \frac{1}{M \times N} \times V_i \times \left\lceil \frac{D_i}{q_0} \right\rceil \times \left(\frac{M \times N \times (M+1)}{2} \right.$$

$$\left. + M \times w \times \frac{N \times (N-1)}{2} \right)$$

$$= V_i \times \left\lceil \frac{D_i}{q_0} \right\rceil \times \left(\frac{(M+1)}{2} + w \times \frac{(N-1)}{2} \right)$$

根据推论1和定理3，假设所有客户随机到达，所有待分货的可移动货架都为 K 个货位，到达的客户数为 I，待分货货架数为 J，货位分配策略采用 RAN 策略，则总期望行走距离为：

$$E_{RAN}(TTD) = J \times \left[M \times \left(N \left(1 - \left(\frac{N-1}{N} \right)^K \right) - \frac{1}{2} \right) + w \times \left(N - \left\lceil \frac{N}{K+1} \right\rceil \right) \right]$$

$$+ \left(\frac{(M+1)}{2} + w \times \frac{(N-1)}{2} \right) \times \sum_{i=1}^{I} V_i \times \left\lceil \frac{D_i}{q_0} \right\rceil \quad (3-20)$$

3.3.2 最近空位分配与随机分配

最近空位分配（closest open location，*COL*）策略采用先到先服务（first come first service，*FCFS*）准则，将最近的一个空货位分配给新到达的客户。因此，*COL* 策略实际使用的货位为实际出现的客户数 *I*，即前 *I* 个货位按照客户出现的顺序依次被分配给客户。因此，即便无信息时 *COL* 策略始终满足 *LTPR* = 1。

如前所述，无信息时的 *RAN* 策略一般满足 *LTPR* ⩾ 1，即 *RAN* 策略分配货位时按最大可能出现的货位数 *L* 来分配货位。当 *L*/*I* > 1 时，前 *L* 个货位中肯定有空货位未被分配。现有文献中，当 *LTPR* = 1 且客户随机到达时，大量学者认为 *RAN* 策略与 *COL* 策略是等价的。而当分货区的行数 *M* 固定后，在 *COL* 策略下，后面的通道或部分通道的货位将未被分配。为此，本书将分析分货区通道数 *N* 对客户随机到达的影响。

下面首先分析分货区通道数 *N* 对 *RAN* 策略期望行走通道数的影响，见定理 4。

定理 4：随着分货区通道数 *N* 的增加，采用 *RAN* 策略时 *K* 个货位的期望通道数 $E_{RAN}(K)$ 也在不断增加，且增加幅度变小、最多为 *K*。

证明：由 $E_{RAN}(K) = N \left[1 - \left(\frac{N-1}{N} \right)^K \right]$，不失一般性，假设 *N* 连续，得一阶导数为：

$$E'_{RAN}(K) = \frac{K\left[N^{K-1} - (N-1)^{K-1}\right]}{(K-1)N^{K-2}}$$

由于 $N>1$ 且 $K>1$，则 $N^{K-1} - (N-1)^{K-1} > 0$，则；

$$\frac{K\left[N^{K-1} - (N-1)^{K-1}\right]}{(K-1)N^{K-2}} > 0$$

由此可知，期望通道数 $E_N(K)$ 随分货区通道数 N 的增加而增加。不难证明 $E''_{RAN}(K) < 0$，即增加幅度变小。

下面进一步证明期望通道数最多为 K，令 $\frac{1}{N} = t$，则：

$$E_N(K) = \frac{1 - (1-t)^K}{t}$$

由洛必达法则，得 $\lim\limits_{N \to \infty} E_N(K) = \lim\limits_{N \to \infty} \frac{K(1-t)}{1} = K$，由此可知期望通道数 $E_{RAN}(K)$ 最多为 K。

定理4的证明中是当 N 连续时也成立。由于仓库形状是一方形仓库，如图 3-6（a）所示。如前所述，COL 策略仅使用前 I 个货位且 $I \leqslant L$，如图 3-6（b）所示。因此，COL 策略中使用的通道数 N_{COL} 比 RAN 策略中使用的通道数 N_{RAN} 要小，根据定理4的证明，可得推论2。

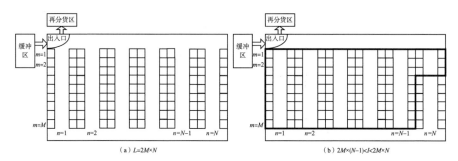

（a）$L = 2M \times N$ （b）$2M \times (N-1) < I < 2M \times N$

图 3-6　可能出现的最大客户数的影响

推论 2：在客户随机到达，若 *RAN* 策略中估计的可能出现的最大客户数 L 大于实际出现的客户数 I，采用 *RAN* 策略时 K 个货位的期望通道数为 $E_{RAN}(K)$，采用 *COL* 策略时 K 个货位的期望通道数为 $E_{COL}(K)$，则 $E_{RAN}(K) > E_{COL}(K)$。

推论 2 表明，当无信息时最大可能出现的客户数 L 大于实际出现的客户数 I 时，将导致 *RAN* 策略遍历的通道数大于 *COL* 策略。

下面比较 *RAN* 策略与 *COL* 策略中 K 个货位的最远分货点所在列号的期望值，我们先证明定理 5。

定理 5：随着分货区通道数 N 的增加，采用 *RAN* 策略时 K 个货位的最远分货点所在列号的期望值是非递减的。

证明：不失一般性，我们考虑 $N \rightarrow N+1$ 时的情形。根据定理 2 可知通道数为 N 时，最远分货点的列号为 $N+1-\left\lceil \dfrac{N}{K+1} \right\rceil$，则通道数为 $N+1$ 时，最远分货点的列号为 $N+2-\left\lceil \dfrac{N+1}{K+1} \right\rceil$，则仅需证明 $1+\left\lceil \dfrac{N}{K+1} \right\rceil - \left\lceil \dfrac{N+1}{K+1} \right\rceil \geqslant 0$ 即可。由于 $K>1$，则 $0<\dfrac{1}{K+1}<1$，则可知 $1+\left\lceil \dfrac{N}{K+1} \right\rceil - \left\lceil \dfrac{N+1}{K+1} \right\rceil \geqslant 0$。推论成立。

定理 5 表明，若 *RAN* 策略中估计的可能出现的最大客户数 L 越大，K 个货位的可移动货架最远分货点所在列号的期望值是非递减的。而 *COL* 策略中 *LTPR* $=1$，因此，若采用 *COL* 策略，K 个货位的可移动货架最远分货点所在列号的期望值不大于 *RAN* 策略。由此，得推论 3。

推论 3：在客户随机到达，若 *RAN* 策略中估计的可能出现的最大客户数 L 大于实际出现的客户数 I，则 K 个货位的可移动货架采用 *RAN* 策略时的最远分货点所在列号的期望值不小于 *COL* 策略。

推论 3 表明，当无信息时最大可能出现的客户数 L 大于实际出现的客户数 I 时，将导致 COL 策略最远分货点距分货区 I/O 点的距离不大于 RAN 策略。

根据推论 2、推论 3，可得推论 4。

推论 4：在客户随机到达，若 RAN 策略中估计的可能出现的最大客户数 L 大于实际出现的客户数 I，K 个货位的可移动货架采用 RAN 策略时的期望分货距离为 $DD_{RAN}(K)$，采用 COL 策略时为 $DD_{COL}(K)$，则 $DD_{RAN}(K) > DD_{COL}(K)$。

推论 4 表明，当无信息时最大可能出现的客户数 L 大于实际出现的客户数 I 时，将导致 RAN 策略的分货距离大于 COL 策略。

下面比较 RAN 策略与 COL 策略的转移距离，根据定理 3，可得定理 6。

定理 6：若客户 i 随机到达，货位分配策略采用 RAN 策略，则其期望转移距离 $E_{RAN}(TD_i)$ 随着分货区通道数 N 的增加而增加。

证明：略。

定理 6 表明，采用 RAN 策略时，客户 i 的转移距离随最大可能出现的客户数 L 的增加而增加。同样地，由于 COL 策略中 $LTPR = 1$，则 COL 策略下客户 i 的转移距离要小于 RAN 策略，即推论 5。

推论 5：若客户 i 随机到达，若随机分配中估计的可能出现的最大客户数 L 大于实际出现的客户数 I，采用 RAN 策略时，客户 i 的期望转移距离为 $E_{RAN}(TD_i)$，采用 COL 策略时为 $E_{COL}(TD_i)$，则 $E_{RAN}(TD_i) > E_{COL}(TD_i)$。

推论 4 表明，当无信息时最大可能出现的客户数 L 大于实际出现的客户数 I 时，将导致 RAN 策略下客户 i 的期望转移距离大于 COL 策略。

综上，若客户随机到达，要提高随机分配的分货绩效，必须提高对可能出现的最大客户数 L 预测的准确度。然而，在实践中很难准确预测拟到达的客户数。由于 COL 策略满足 $LTPR = 1$，根据推论 4、推论 5，可得推论 6。

推论 6：假设最大可能出现的客户数为 L，实际出现的客户数为 I，若客户随机到达且 $L > I$，待分货货架数为 J，则 COL 策略的分货绩效要优于 RAN 策略。

从上面可以看出，在无信息时由于最大可能出现的客户数 L 一般大于实际出现的客户数 I，由此导致 COL 策略优于 RAN 策略。此外，COL 策略在实践中还存在其他优势，比如无须预测可能出现的最大客户数 L、货位数可动态增加等。

3.4 模 拟 分 析

本书的模拟分析采用产业界的实际案例数据进行模拟。本节首先对该实际案例的流程进行简要描述；其次，对该实际案例的数据选择与分货区配置进行描述；随后本书给出 RAN 策略、COL 策略的模拟结果，与 FUL 策略进行对比，并分析 RAN 策略与 COL 策略分货绩效差异的因素；最后，进行分货区形状对分货绩效影响的敏感性分析。

3.4.1 案例描述

本书以国内某花卉拍卖市场为实际案例。该拍卖市场的分货系统与 3.2.1 节中描述的订单分货系统流程基本类似。每天 19：00 ~ 23：00 开始进行拍卖，高峰时花卉的供给量近 400 万枝，而低峰时仅为 100 万枝左右。花卉拍卖按供货批次依次进行拍卖，同一供货批次的产品品种、供货商与等级相同，每个供货批次至少有 1 桶，最多可为 18 桶，绝大多数供货批次在 1~3 桶之间。花桶装载在台车上，台车是两层构造的可移动货架，最大容量是 18 桶。同一台车上的产品品类、等级相同，绝大多数台车装载了 4~6 个批次。装载相同品类、等级的台车被组成一列，拍卖前各列台车被依次拉到拍卖厅进行拍卖。每笔成功的拍卖构成一笔交易，每笔交易至少为供货批次里的 1 桶，最多为整个供货批次。拍卖后台车被运输至缓冲区，缓冲区靠近分货区的 I/O 点。为提高客户服务水平，拍卖市场允许客户在交易开始半小时后提取货物，且承诺在拍卖结束后 2 小时内提货完毕。

该拍卖市场的分货系统具有不确定性。一方面，拍卖前拍卖市场并不知道哪些客户会出现；另一方面，当某个客户出现后也无法知道其最终购买量。为此，该拍卖市场配置了 2 个存储区域：分货区和再分货区。如 3.2.1 节中所描述的流程，整个分货流程包括分货运作与再分货运作。每笔交易将打印一张分货单，分货单标识了产品信息、购买商及其分货区位置信息。若某客户为首次出现，系统将按货位分配策略分配一个货位给该客户并打印在分货单上，否则系统将检索出其货位并打印在分货单上。每个货位大小与台车大小一致。分货区内预置了一些空台车，分货员按照分货单上标识的信息依次将各交易批次的产品放置在对应客户的货位上，分货完毕后的空台车被放置在分货区内临近的空货位上。

随着拍卖的进行，若某客户的货位满，则满载其产品的台车将被转运至再分货区，称之为再分货运作。显然，若再分货策略一致，无论分货区内采用何种货位分配策略，从分货区 I/O 点到再分货区的运输距离相等。

3.4.2 数据选择与分货区配置

本书数据来源于该花卉拍卖市场的实际数据。为提高模拟结果的可靠性，本书选择了一个月的数据，即该拍卖市场 7 月 2 ~ 31 日近 30 个交易日的交易数据（7 月 1 日该拍卖市场休市），分别对 *RAN* 策略、*COL* 策略与 *FUL* 策略进行模拟比较。本书运用 Microsoft SQL server 2017 软件进行模拟。如前所述，由于客户的需求量仅在交易结束后才能获取，所以 *FUL* 策略属于事后模拟，在实践中并不可行。

该拍卖市场分货区有 8 个通道，以及前后交叉通道。每个通道有 24 行 48 个货位，即分货区可用货位数 $U = 384$。在过去交易日中，最多的交易日出现了 376 个客户。为此，本书选择 380 作为最大可能出现的客户数，即 $L = 380$，用于生成随机分配的货位号。为简单化，可移动货架或货位的长宽用 1 表示。通道的实际宽度为货位长宽的 2.5 倍，即两个通道之间的间距为 5。表 3 - 1 描述了该拍卖市场分货区目前的配置情况。

表 3 - 1   某拍卖市场分货区的当前配置

参数	配置
通道数或列数（N）	8
每个通道的行数（M）	24
每个通道的货位数（$2M$）	48
分货区可用货位数（$2 \times M \times N$）	384
最大可能出现的客户数（L）	380
相邻两个通道的中间距离（w）	5

3.4.3 模拟结果及分析

本节给出了 *RAN* 策略、*COL* 策略和 *FUL* 策略的模拟结果。如前所述，*FUL* 策略是根据客户事后的需求量进行计算而获取的分货绩效。从模拟结果看，*COL* 策略要远优于 *RAN* 策略。为此，本书分析了空位数、随机性对 *RAN* 策略的影响，以及客户到达规律对 *COL* 策略的影响。

3.4.3.1 模拟结果

COL 策略、*RAN* 策略和 *FUL* 策略的伪码算法见附录中的 1、2、3 三种算法。表 3 – 2 给出了 *RAN* 策略、*COL* 策略和 *FUL* 策略分货绩效在表 3 – 1 参数配置下模拟的详细结果（$M = 24$，$L = 380$）。从表 3 – 2 中可以看出：

表 3 – 2　　　　*RAN* 策略、*COL* 策略和 *FUL* 策略分货绩效的
模拟结果（$M = 24$，$L = 380$）

日期	RAN			COL			FUL		
	DD	TD	TTD	DD	TD	TTD	DD	TD	TTD
0702	217 096	41 514	258 610	178 465	33 419	211 884	151 151	23 444	174 595
0703	176 192	32 143	208 335	143 304	26 261	169 565	125 400	19 348	144 748
0704	165 975	29 359	195 334	129 324	23 720	153 044	122 974	17 857	140 831
0705	154 716	28 660	183 376	116 248	22 288	138 536	112 496	17 181	129 677
0706	174 115	31 856	205 971	136 339	26 754	163 093	122 996	19 586	142 582
0707	147 531	28 793	176 324	115 377	21 466	136 843	102 584	15 911	118 495
0708	167 739	31 808	199 547	135 825	26 798	162 623	126 486	20 236	146 722

续表

日期	RAN			COL			FUL		
	DD	TD	TTD	DD	TD	TTD	DD	TD	TTD
0709	165 195	30 942	196 137	128 213	26 046	154 259	118 919	17 986	136 905
0710	176 090	32 440	208 530	141 903	27 366	169 269	133 370	20 698	154 068
0711	163 420	30 237	193 657	129 798	25 127	154 925	119 161	18 674	137 835
0712	163 070	29 082	192 152	127 541	23 624	151 165	114 652	17 306	131 958
0713	138 713	25 217	163 930	106 394	20 912	127 306	99 924	15 329	115 253
0714	159 482	30 479	189 961	125 320	24 581	149 901	115 443	18 232	133 675
0715	157 452	28 577	186 029	128 175	24 049	152 224	114 864	17 643	132 507
0716	171 926	32 468	204 394	145 049	28 550	173 599	133 699	20 497	154 196
0717	171 283	32 106	203 389	135 889	26 362	162 251	131 386	19 835	151 221
0718	176 959	32 327	209 286	145 647	28 701	174 348	129 667	20 696	150 363
0719	165 194	30 179	195 373	126 705	23 638	150 343	112 101	17 278	129 379
0720	163 694	29 649	193 343	125 249	24 138	149 387	112 688	16 942	129 630
0721	138 866	26 503	165 369	103 113	20 418	123 531	92 007	14 158	106 165
0722	149 513	27 559	177 072	117 109	22 311	139 420	107 253	15 967	123 220
0723	151 891	27 189	179 080	124 756	24 085	148 841	116 479	17 621	134 100
0724	170 071	31 140	201 211	140 362	26 587	166 949	129 696	19 981	149 677
0725	178 680	33 152	211 832	150 401	30 132	180 533	141 419	22 567	163 986
0726	181 795	33 265	215 060	146 583	29 009	175 592	137 466	21 459	158 925
0727	174 572	31 281	205 853	136 725	26 322	163 047	126 590	19 579	146 169
0728	181 683	33 669	215 352	151 178	28 302	179 480	133 353	20 249	153 602
0729	185 262	34 200	219 462	147 350	28 447	175 797	133 421	20 330	153 751
0730	186 522	35 444	221 966	152 086	28 200	180 286	129 549	20 013	149 562
0731	168 122	30 914	199 036	134 120	24 881	159 001	119 477	18 162	137 639
最大值	217 096	41 514	258 610	178 465	33 419	211 884	151 151	23 444	174 595
平均值	168 094.0	31 071.7	199 165.7	134 151.6	25 749.8	159 901.0	122 222.3	18 825.5	141 047.9
最小值	138 713	25 217	163 930	103 113	20 418	123 531	92 007	14 158	106 165

（1）从行走距离构成看，分货距离的比重远大于转移距离。

（2）无论是分货距离、转移距离，还是行走距离，都是 FUL 策略最优，RAN 策略最差，即 $DD_{FUL} < DD_{COL} < DD_{RAN}$、$TD_{FUL} < TD_{COL} < TD_{RAN}$、$TTD_{FUL} < TTD_{COL} < TTD_{RAN}$。

（3）从分货距离、转移距离和行走距离的最大值、平均值、最小值来看，仍是 FUL 策略最优，RAN 策略最差。

从以上可以看出，RAN 策略的分货绩效远低于 COL 策略。

表 3 - 3 进一步给出了 RAN 策略、COL 策略的分货距离、转移距离与行走距离分别超出 FUL 策略的比例（$M = 24$，$L = 380$）。为进一步分析 $LTPR$ 对 RAN 策略分货绩效的影响，表 3 - 3 还给出了在此期间到达的客户数，并根据分货区的配置计算出 RAN 策略的空位数。从 COL 策略看，其分货距离、转移距离与行走距离分别平均超出 FUL 策略 9.73%、36.83%、13.35%，而 RAN 策略则分别平均超出 FUL 策略 37.84%、65.57%、41.53%。

表 3 - 3　　　最近空位分配和随机分配超出吞吐量分配的
比例（$M = 24$，$L = 380$）

日期	客户数 (I)	空位数 ($L-I$)	DD（%）		TD（%）		TTD（%）	
			RAN	COL	RAN	COL	RAN	COL
0702	316	64	43.63	18.07	77.08	42.55	48.12	21.36
0703	328	52	40.50	14.28	66.13	35.73	43.93	17.14
0704	329	51	34.97	5.16	64.41	32.83	38.70	8.67
0705	321	59	37.53	3.34	66.81	29.72	41.41	6.83
0706	321	59	41.56	10.85	62.65	36.6	44.46	14.39
0707	326	54	43.81	12.47	80.96	34.91	48.80	15.48
0708	335	45	32.61	7.38	57.19	32.43	36.00	10.84

续表

日期	客户数 (I)	空位数 (L-I)	DD（%）		TD（%）		TTD（%）	
			RAN	COL	RAN	COL	RAN	COL
0709	337	43	38.91	7.82	72.03	44.81	43.27	12.68
0710	337	43	32.03	6.4	56.73	32.22	35.35	9.87
0711	325	55	37.14	8.93	61.92	34.56	40.50	12.4
0712	308	72	42.23	11.24	68.05	36.51	45.62	14.56
0713	309	71	38.82	6.47	64.51	36.42	42.23	10.46
0714	321	59	38.15	8.56	67.17	34.82	42.11	12.14
0715	336	44	37.08	11.59	61.97	36.31	40.39	14.88
0716	359	21	28.59	8.49	58.40	39.29	32.55	12.58
0717	336	44	30.37	3.43	61.87	32.91	34.50	7.29
0718	334	46	36.47	12.32	56.20	38.68	39.19	15.95
0719	294	86	47.36	13.03	74.67	36.81	51.01	16.2
0720	301	79	45.26	11.15	75.00	42.47	49.15	15.24
0721	289	91	50.93	12.07	87.19	44.22	55.77	16.36
0722	315	65	39.40	9.19	72.60	39.73	43.70	13.15
0723	352	28	30.40	7.11	54.30	36.68	33.54	10.99
0724	338	42	31.13	8.22	55.85	33.06	34.43	11.54
0725	351	29	26.35	6.35	46.90	33.52	29.18	10.09
0726	336	44	32.25	6.63	55.02	35.18	35.32	10.49
0727	313	67	37.90	8.01	59.77	34.44	40.83	11.55
0728	324	56	36.24	13.37	66.27	39.77	40.20	16.85
0729	322	58	38.86	10.44	68.22	39.93	42.74	14.34
0730	323	57	43.98	17.4	77.10	40.91	48.41	20.54
0731	316	64	40.71	12.26	70.21	36.99	44.61	15.52
最大值	289*	91*	50.93	18.07	87.19	44.81	55.77	21.36
平均值	325.07	54.93	37.84	9.73	65.57	36.83	41.53	13.35
最小值	359*	21*	26.35	3.34	46.90	29.72	29.18	6.83

注：＊最大值按空位数计，对应的到达客户数则为最小值。

图 3 – 7（a）、图 3 – 7（b）、图 3 – 7（c）进一步描述了 *RAN* 策略、*COL* 策略的分货距离、转移距离与行走距离超出 *FUL* 策略比例的折线图（$M = 24$，$L = 380$）。从图 3 – 7 中可以看出，*RAN* 策略与 *COL* 策略的分货距离、转移距离与行走距离超出 *FUL* 策略变化趋势并非一致。

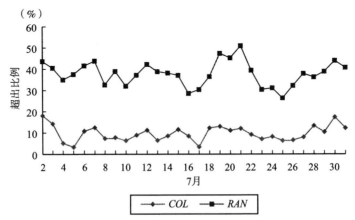

图 3 – 7（a）　随机分配、最近空位分配分货距离超出吞吐量分配的

比例（$M = 24$，$L = 380$）

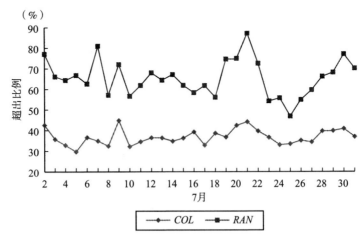

图 3 – 7（b）　随机分配、最近空位分配转移距离超出吞吐量分配的

比例（$M = 24$，$L = 380$）

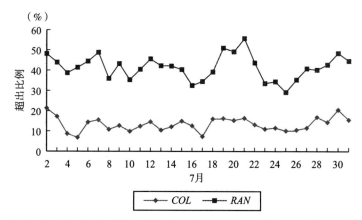

图 3 - 7 （c） 随机分配、最近空位分配行走距离超出吞吐量分配的
比例（$M = 24$，$L = 380$）

从 COL 策略与 RAN 策略的差异上来看，根据 3.2 节的分析，主要产生的原因可能包括：

（1）根据推论 2，在前 380 个货位中，空位数越少则绩效越高。

（2）RAN 策略的随机性因素的影响。

（3）客户到达的影响，客户到达可能存在一定规律，即并非随机到达，进而产生两者之间的绩效差异。

3.4.3.2 空位数的影响

下面首先分析空位数的影响，根据表 3 - 3 的数据，本书进一步描述了 RAN 策略中空位数与分货距离、转移距离、行走距离超出 FUL 策略的散点图，即空位数与 O_{RAN}^{DD}、O_{RAN}^{TD}、O_{RAN}^{TTD} 之间的关系，如图 3 - 8 （a）、图 3 - 8 （b）、图 3 - 8 （c）所示（$M = 24$，$L = 380$）。从散点图可以看出，空位数越多，RAN 策略的分货距离、转移距离、行走距离超出 FUL 策略的比例越大，即空位数越多，RAN 策略的分货距离、转移距离、行走距离越长。

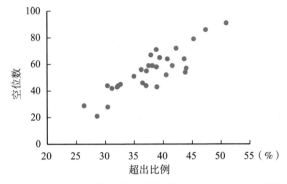

图 3 – 8（a） 分货距离与空位数（$M = 24$，$L = 380$）

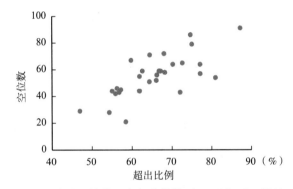

图 3 – 8（b） 转移距离与空位数（$M = 24$，$L = 380$）

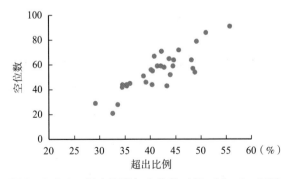

图 3 – 8（c） 行走距离与空位数（$M = 24$，$L = 380$）

由于随机数是根据最大可能出现的客户数（$L = 380$）生成的，为进一步分析空位数的影响，本书选择 7 月 4 日的交易数据，分别选择 $L = 330$、340、350、360、370、380、390、400 进行模拟（$M = 24$）。为消除随机因素的影响，对于每个 L 的取值，本书分别对 RAN 策略模拟 50 次后，然后再取分货距离、转移距离、行走距离的平均值作为 RAN 策略的分货绩效，如表 3 - 4 所示。

表 3 - 4　　　　最大客户数 L 对于 RAN 策略、COL 策略的影响（$M = 24$）

L	RAN			COL		
	DD	TD	TTD	DD	TD	TTD
330	147 101	30 028	177 129	125 948	26 666	152 614
340	149 107	30 519	179 627	125 948	26 666	152 614
350	151 427	31 216	182 643	125 948	26 666	152 614
360	154 350	32 149	186 499	125 948	26 666	152 614
370	156 217	32 411	188 628	125 948	26 666	152 614
380	158 551	33 238	191 789	125 948	26 666	152 614
390	161 208	34 077	195 285	125 948	26 666	152 614
400	163 403	34 754	198 156	125 948	26 666	152 614

图 3 - 9（a）、图 3 - 9（b）、图 3 - 9（c）分别显示了 RAN 策略、COL 策略分货距离、转移距离、行走距离与 L 之间的关系。从图 3 - 9 中可以看出：RAN 策略的分货距离、转移距离、行走距离几乎是随 L 线性递增的，即 L 越大，其分货距离、转移距离、行走距离越远，其模拟结果与推论 2 的结论一致；而 COL 策略则不受 L 的影响。因此，对于 RAN 策略，可能出现的最大客户数 L 的估计越差，即空位数越多，RAN 策略的分货绩效越差。

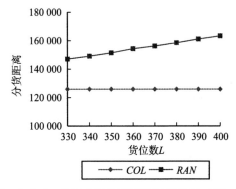

图 3 - 9 （a） 7 月 4 日分货距离与货位数（$M = 24$）

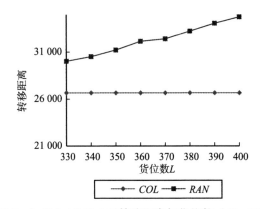

图 3 - 9 （b） 7 月 4 日转移距离与货位数（$M = 24$）

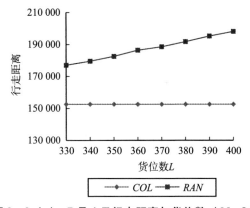

图 3 - 9 （c） 7 月 4 日行走距离与货位数（$M = 24$）

从上述模拟可以看出，货位分配是否紧凑是影响货位分配策略分货绩效的原因之一。采用 COL 策略时，分货区货位占用是紧凑的，而 RAN 策略是非紧凑的。但由于客户达到的不确定性，很难预测客户即将达到的人数，实践中估计最大可能出现的客户数时，一般采取悲观估计的方法，以确保每位达到的客户都能分配到一个货位，进一步导致 RAN 策略的分货绩效变得更差。

3.4.3.3 随机性的影响

进一步分析随机性对 RAN 策略的影响。本书仍选择 7 月 4 日的交易数据：

（1）同样地，为消除随机性的影响，本书对 RAN 策略分别模拟了 50 次，然后分别取分货距离、转移距离与行走距离的平均值。

（2）为剔除最大可能出现的客户数 L 对 RAN 策略、COL 策略的影响，因 7 月 4 日的实际到达的客户数 I 为 329，本书选择 $L = 330$，即 $L \approx I$ 时，对 RAN 策略进行模拟。

表 3 - 5 给出了 $L = 330$ 时 RAN 策略 50 次模拟的详细结果（$M = 24$）。从表 3 - 5 中可以看出：

（1）RAN 策略之间存在随机性差异。同 50 次模拟的平均值相比，分货距离、转移距离、行走距离的差异大约在 ［ - 1.98%，1.91% ］、［ - 6.41%，6.73% ］、［ - 2.73，2.36% ］ 之间。

（2）当 $L \approx I$ 时，7 月 4 日的模拟结果表明 RAN 策略的分货距离、转移距离、行走距离分别大于 COL 策略，如图 3 - 10 （a）、图 3 - 10 （b）、图 3 - 10 （c）所示。

表 3 – 5   7月4日 *RAN* 策略 50 次模拟的详细结果 （*M* = 24，*L* = 330）

序号	DD	TD	TTD	序号	DD	TD	TTDR
1	146 102	29 967	176 069	28	147 293	29 986	177 279
2	147 634	30 062	177 696	29	149 177	30 831	180 008
3	148 898	30 196	179 094	30	147 180	30 891	178 071
4	149 709	30 956	180 665	31	147 760	29 711	177 471
5	147 188	29 333	176 521	32	145 505	29 550	175 055
6	144 186	28 102	172 288	33	148 465	30 504	178 969
7	146 893	29 574	176 467	34	148 054	29 651	177 705
8	148 346	30 746	179 092	35	146 238	29 679	175 917
9	146 366	28 669	175 035	36	146 649	29 174	175 823
10	145 984	29 564	175 548	37	149 906	30 881	180 787
11	148 085	30 437	178 522	38	148 049	30 132	178 181
12	145 431	28 944	174 375	39	146 615	29 905	176 520
13	148 247	29 605	177 852	40	145 946	29 130	175 076
14	147 498	30 006	177 504	41	146 762	29 171	175 933
15	148 958	31 499	180 457	42	146 384	30 302	176 686
16	145 052	29 487	174 539	43	145 072	28 733	173 805
17	147 387	30 512	177 899	44	145 414	30 796	176 210
18	146 706	29 449	176 155	45	146 102	30 612	176 714
19	146 341	30 488	176 829	46	146 719	30 019	176 738
20	148 763	31 060	179 823	47	148 107	30 195	178 302
21	146 763	30 260	177 023	48	147 792	30 658	178 450
22	144 657	29 041	173 698	49	149 256	32 047	181 303
23	147 321	30 247	177 568	50	146 518	29 285	175 803
24	147 180	30 728	177 908	最大值	149 906	32 047	181 303
25	147 478	30 394	177 872	平均值	147 100. 92	30 027. 64	177 128. 56
26	146 621	29 981	176 602	最小值	144 186	28 102	172 288
27	146 289	30 232	176 521				

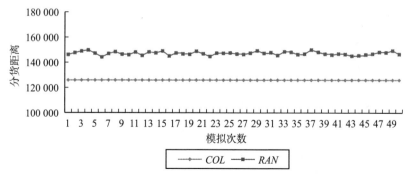

图 3－10（a） 7 月 4 日随机分配分货距离的多次模拟结果（$M = 24$，$L = 330$）

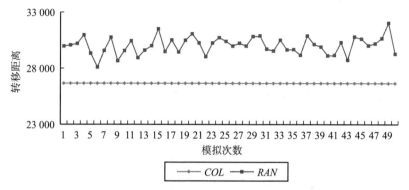

图 3－10（b） 7 月 4 日随机分配转移距离的多次模拟结果（$M = 24$，$L = 330$）

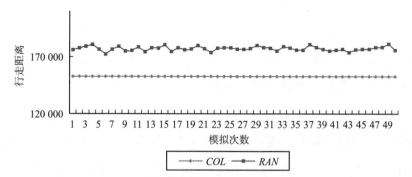

图 3－10（c） 7 月 4 日随机分配行走距离的多次模拟结果（$M = 24$，$L = 330$）

根据福瑞和马姆伯格（2008）等众多研究的结论，若客户随机到达且 $LTPR \approx 1$ 时，RAN 策略与 COL 策略近似等价。但从该案例的模拟结果看，RAN 策略与 COL 策略并不等价。

由多次随机模拟可以看出：RAN 策略存在随机性差异，但当 $I \approx L$ 时，RAN 策略与 COL 策略之间分货绩效的差异不是由随机性差异所导致的。为此，必须进一步寻找 COL 策略优于 RAN 策略的其他原因。

3.4.3.4 客户到达的影响

通过前面的分析可以看出：在本案例中，客户可能并非是随机到达的。为此，本书进一步分析客户到达规律，主要分析到达次序与客户的购买量、分货次数之间的关系。本书对 7 月 2~31 日间到达次序为 1 的客户的平均购买量与平均分货次数进行统计，然后统计到达次序为 2 的客户的平均购买量与平均分货次数，以此类推，统计了到达次序为前 300 的平均购买量与平均分货次数。

根据统计数据，进一步描述出客户到达顺序与客户购买量、分货次数关系的散点图，分别如图 3-11（a）、图 3-11（b）所示。从图 3-11 中可以看出，到达越早的客户，其购买量与分货次数通常情形下会越多。事实上，该结论也符合现实中的情形，即购买量或分货次数越多的客户，其到达可能越早。

由于 COL 策略是将越靠近分货区 I/O 点的货位分配给到达越早的客户，而到达越早的客户，其购买量或分货次数一般较大，由此导致即使当 $I \approx L$ 时，COL 策略也优于 RAN 策略，且更接近于 FUL 策略的分货绩效。

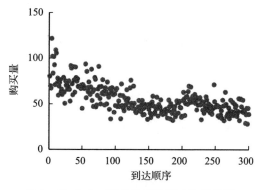

图 3-11 （a） 客户的到达顺序与购买量

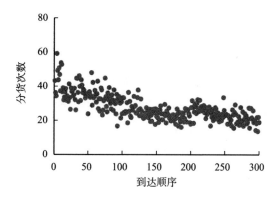

图 3-11 （b） 客户的到达顺序与分货次数

为此，要提高订单分货系统的分货绩效，必须分析客户到达的规律，当客户到达存在规律时，采用 COL 策略及其变体（比如 FOL）将更易获得较优的分货绩效。

3.4.4 敏感性分析

前面的模拟分析都是在分货区行数 $M = 24$ 时进行的。仓库形状也是影响订单分拣系统分货绩效的重要参数之一（Hall，1993；Caron et al. ，2000；Manzini et al. ，2007）。根据3.3.1节的推导，仓库形状将影响仓库的行数（M）和列数（N），进而影响货位分配策略的分货距离、转移距离，并进一步影响行走距离。为此，本书进一步分析分货区形状对分货绩效的影响。

为保持与大多数文献的一致，本书将分货区的形状参数 r 定义为通道的长度与分货区宽度的比例。在一个 M 行、N 列的分货区中，其可用的货位数为 $2M \times N$，为此，可得形状参数 r：

$$r = \frac{M}{w \times N} \qquad (3-21)$$

若可用的货位数固定，形状参数 r 随 M 递增。事实上，可用的货位数依赖于最大可能出现的客户数 L：

$$N = \lceil L/2M \rceil \qquad (3-22)$$

则可用的货位数为 $2M \times \lceil L/2M \rceil$，进一步地，可得形状参数：

$$r = \frac{M}{w \times N} = \frac{M}{w \times \lceil L/2M \rceil} \qquad (3-23)$$

从公式（3-22）、公式（3-23）可以看出，如果能估计最大可能出现的客户数 L，在给定 M 或 N 的前提下，可以对分货区的形状进行决策。

本书进一步模拟分货区形状的影响。为便于分析，本书在 $L = 380$ 时，分别令 $M = 8$，10，12，14，16，…，40，仍选择7月2～31日间的交易数据，分别模拟分货区形状对 RAN 策略、COL 策略和 FUL 策略的分货距离、转移距离与行走距离的影响。其中，分货距离、转移距离与行走距离是该期间平均值，模拟结果见表3-6。从表中可以看出：

（1）从分货距离看，RAN 策略、COL 策略和 FUL 策略的最优形状分别是 $M = 16$、$M = 16$、$M = 14$。

表 3 - 6　分货区形状对分货距离、转移距离与行走距离的影响（$L=380$）

M	DD			TD			TTD		
	RAN	COL	FUL	RAN	COL	FUL	RAN	COL	FUL
8	197 092.73	152 969.77	130 193.43	64 255.73	49 119.00	30 593.07	261 348.47	202 088.77	160 786.50
10	177 588.37	139 636.13	120 953.60	52 883.07	40 718.17	25 851.83	230 471.43	180 354.30	146 805.43
12	167 546.40	133 053.50	116 998.83	45 636.90	35 460.57	22 988.17	213 183.30	168 514.07	139 987.00
14	162 498.47	130 130.03	115 630.87	40 726.23	32 010.60	21 208.87	203 224.70	162 140.63	136 839.73
16	161 132.50	129 133.63	115 944.27	37 301.93	29 680.37	20 086.20	198 434.43	158 814.00	136 030.47
18	161 169.70	129 761.90	117 019.93	34 769.77	28 022.20	19 392.87	195 939.47	157 784.10	136 412.80
20	162 515.87	130 570.63	118 563.10	33 019.23	26 884.00	19 036.17	195 535.10	157 454.63	137 599.27
22	164 941.47	132 821.97	120 307.33	31 878.63	26 287.43	18 872.27	196 820.10	159 109.40	139 179.60
24	168 093.97	134 151.60	122 222.37	31 071.73	25 749.80	18 825.50	199 165.70	159 901.40	141 047.87
26	170 775.13	136 390.60	124 115.50	30 330.93	25 420.70	18 978.57	201 106.07	161 811.30	143 094.07
28	174 155.40	138 890.43	125 931.57	30 039.73	25 508.63	19 206.87	204 195.13	164 399.07	145 138.43
30	177 099.03	140 896.97	127 827.93	29 665.07	25 466.17	19 514.83	206 764.10	166 363.13	147 342.77
32	181 937.00	142 951.40	129 660.40	30 015.63	25 833.00	19 866.67	211 952.63	168 784.40	149 527.07

续表

M	DD			TD			TTD		
	RAN	COL	FUL	RAN	COL	FUL	RAN	COL	FUL
34	184 118.90	144 715.43	131 075.83	29 669.23	25 785.37	20 138.90	213 788.13	170 500.80	151 214.73
36	187 603.63	147 449.37	132 625.80	30 036.53	26 176.50	20 449.53	217 640.17	173 625.87	153 075.33
38	192 186.40	149 415.20	134 176.20	30 904.33	26 803.50	20 967.67	223 090.73	176 218.70	155 143.87
40	194 118.53	151 286.97	135 546.60	30 600.90	27 431.33	21 596.33	224 719.43	178 718.30	157 142.93
最大值	197 092.73	152 969.77	135 546.60	64 255.73	49 119.00	30 593.07	261 348.47	202 088.77	160 786.50
平均值	175 563.15	139 072.09	124 634.92	36 047.39	29 550.43	21 033.78	211 610.54	168 622.52	145 668.70
最小值	161 132.50	129 133.63	115 630.87	29 665.07	25 420.70	18 825.50	195 535.10	157 454.63	136 030.47

（2）从转移距离看，*RAN* 策略、*COL* 策略和 *FUL* 策略的最优形状分别是 $M = 30$、$M = 30$、$M = 24$。

（3）从总的行走距离来看，*RAN* 策略、*COL* 策略和 *FUL* 策略的最优形状分别是 $M = 20$、$M = 20$、$M = 16$。

根据表 3-6 的模拟结果，进一步描述分货距离、转移距离与行走距离与分货区形状之间的关系，分别见图 3-12（a）、图 3-12（b）、图 3-12（c）。从图 3-12 中可以看出：

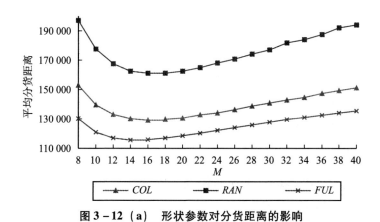

图 3-12（a）　形状参数对分货距离的影响

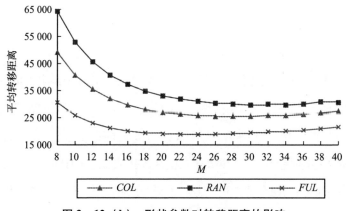

图 3-12（b）　形状参数对转移距离的影响

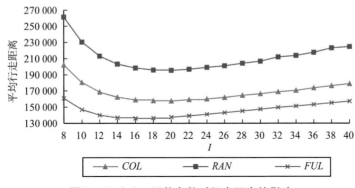

图 3 - 12 （c） 形状参数对行走距离的影响

（1） 无论形状参数 M 如何变化，从分货距离、转移距离和行走距离来看，都是 *COL* 策略优于 *RAN* 策略。

（2） 分货距离随参数 M 的增加，先减少后增加，不同货位分配策略 M 的最优值有所差别。

（3） 转移距离随参数 M 的增加，先减少后增加，不同货位分配策略 M 的最优值也有所差别。

（4） 总的行走距离随参数 M 的增加，先减少后增加，三种货位分配策略 M 的最优值基本在 ［16，20］ 之间。

因第 4 章中基于类的分配策略与改进的基于类的分配的最优的形状参数为 $M = 18$，在此统一以形状参数 $M = 18$ 时，分别将 *RAN* 策略、*COL* 策略的分货距离、转移距离与行走距离与 *FUL* 策略进行比较。表 3 - 7 描述了 $M = 18$ 时 *RAN* 策略、*COL* 策略的分货距离、转移距离与行走距离分别超出 *FUL* 策略的比例。从表 3 - 7 中可以看出，从总的行走距离看，*RAN* 策略、*COL* 策略分别超出 *FUL* 策略 43.64%、15.67%。

表 3 – 7 $M = 18$ 时各策略的 DD、TD 与 TTD 超出

FUL 策略的比例 ($L = 380$) 单位：%

策略	DD	TD	TTD
RAN	37.73	79.29	43.64
COL	10.89	44.50	15.67

从仓库形状的模拟可以看出，分货区形状的调整是提高订单分货系统分货绩效的有效途径之一。

3.5 本章小结

本章详细描述了订单分货系统的流程，建立基本假设，分别构建了订单分货系统行走距离的离散模型与连续模型，并确定了分货绩效改进的基准。由于离散模型更符合实际，本章基于离散模型，推导和模拟了无信息时随机分配、最近空位分配的分货距离、转移距离与行走距离，得出以下基本结论：

第一，无信息时若客户随机到达，随机分配与最近空位分配主要受 $LTPR$ 的影响。由于最近空位分配的 $LTPR = 1$，而随机分配的 $LTPR > 1$，由此导致最近空位分配优于随机分配。对于随机分配，$LTPR$ 越接近 1，其分货绩效越高。由此，要提高随机分配的分货绩效，必须提高最大可能出现的客户数预测的精确度。

第二，某拍卖市场的实际模拟结果表明，$LTPR$ 是导致随机分配与最近空位分配的分货绩效差异的原因之一。通过变化预测的最大可能出现的客户数进行模拟，可以发现预测的最大可能出现的客户数越

大，即预测越差，将导致分货区空位数越多、越不紧凑，随机分配的分货绩效越差，该结论与理论推导结论基本一致。

第三，某拍卖市场的实际模拟结果表明，当客户并非随机到达时，也将导致随机分配与最近空位分配分货绩效的差异。通过实际案例的模拟发现，尽管随机分配的 $LTPR \approx 1$，但该案例的最近空位分配的分货绩效仍高出随机分配较多。进一步分析发现，该案例中客户的需求量或分货次数越大，其到达也越早，由此导致需求量大的客户，其货位更靠近仓库的 I/O 点，并进一步导致最近空位分配的分货绩效优于随机分配。

第四，仓库形状将对分货距离、转移距离产生影响，进而对行走距离产生影响。对于分货距离、转移距离与行走距离，其分货区行数的阈值各不相同。但对随机分配、最近空位分配、吞吐量分配，分货距离或转移距离或行走距离的分货区行数的阈值基本相同。

第五，实际案例的模拟结果为：当形状参数 $M = 18$ 时，RAN 策略、COL 策略的分货绩效分别超出 FUL 策略 43.64%、15.67%。同 RAN 策略相比，COL 策略提高了订单分货系统的分货绩效。

第 4 章
基于类的分配及其改进策略

4.1 引　言

本章仍在假设 H1 成立下研究部分信息下的货位分配策略问题。第 3 章将订单分货系统简单地处理成无信息时的货位分配决策问题。事实上，利用历史数据可以统计客户的历史需求信息，从而将客户划分为多个子集，每个子集属于一个类。由于基于类的分配（class based storage，CBS）策略被广大研究者认为是提高订单分拣系统分拣绩效的有效策略之一（Petersen et al.，2004；Le – Duc & de Koster，2005），为此，可以通过该策略，来提高订单分货系统的分货绩效。本章将系统地研究不确定性下基于类的分配策略的改进与实施问题。

典型地，在 CBS 策略中，客户在其所属类的子区域中采用随机分配的方法获取一个货位（de Koster et al.，2007）。本章将在一定的假设下，求解 CBS 策略的期望行走距离，并进一步以实际数据进行模拟，比较 CBS 策略、RAN 策略、COL 策略的分货绩效。根据第 3

章的研究结论，*COL* 策略的分货绩效往往大于 *RAN* 策略。为此，本章提出改进的基于类的分配策略（updated class based storage location，*UCB*），即客户在其所属类的子区域中不是采用随机分配的方法，而是采用最近空位分配的方法获取货位，并采用实际数据进行模拟，分析其分货绩效。

在不确定性下，实施 *UCB* 策略（含 *CBS* 策略）时将存在以下问题：（1）由于客户需求的变动性，是否存在更好的方法来划分客户的类别？（2）由于客户出现的不可预知性，如何估计每个类别出现的客户数，为确定分货区各子区域的货位数量提供决策依据？（3）当每位客户属于一个类时，*UCB* 策略等价于 *FUL* 策略，则如何确定类的数量或如何将客户切分为多个子集，以提高 *UCB* 策略的分货绩效？为此，本章将系统地讨论类的划分准则、子区域的边界、类的数量等 *UCB* 策略实施的关键问题。

本章的基本结构如下：4.2 节对 *CBS* 策略提出进一步假设，求解 *CBS* 策略的期望行走距离，结合第 3 章的案例进行模拟，并与 *RAN* 策略、*COL* 策略、*FUL* 策略进行比较。4.3 节提出 *UCB* 策略，从理论上分析其分货绩效，针对同一案例进行进一步模拟，并与上述货位分配策略的分货绩效进行对比。4.4 节详细讨论 *UCB* 策略的实施问题，包括类的划分准则、子区域的边界、划分类的数量等实施中的具体问题。

4.2　基于类的分配

本节分别从解析求解与案例模拟两个角度对部分信息下的 *CBS* 策略进行系统研究。首先，根据 *CBS* 策略与 ABC 分类的特征进行一些假设，对两类的 *CBS* 策略的分货绩效进行求解，并与 *RAN* 策略进行比较。然后，通过实际案例模拟了 *CBS* 策略的分货绩效，并与第 3 章的 *RAN* 策略、*COL* 策略与 *FUL* 策略进行比较，以及分析仓库形状对 *CBS* 策略的影响。

4.2.1 分货绩效分析

CBS 策略将客户划分为多个子集，每个子集属于一个类，同时将分货区划分成同等数量的子区域，吞吐量越大的类，其子区域越靠近仓库 I/O 点处，每个客户在其对应类的子区域随机分配一个货位。由于吞吐量越大的类，其子区域越靠近仓库 I/O 点处，*CBS* 策略被认为能提高订单分货系统的分货绩效。

实施 *CBS* 策略需要将分货区划分为同等数量的子区域，划分子区域的方法主要有两种：一是通道内连续相邻的货位属于一个类，如图 4 – 1（a）所示；二是通道间连续相邻的货位属于一个类，如图 4 – 1（b）所示（de Koster et al.，2007）。由于图 4 – 1（a）更符合分货员的直觉，且图 4 – 1（b）方法将导致分货员频繁进出通道，将更有可能导致分货区的阻塞，为此，本书中采用图 4 – 1（a）的方法来划分子区域（Qin et al.，2015）。

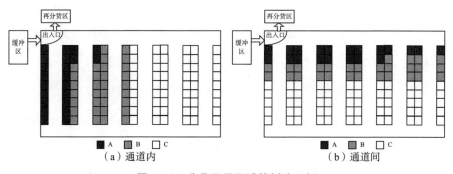

图 4 – 1 分货区子区域的划分示例

不失一般性，对于 *CBS* 策略进行进一步假设：

H10：假设通道内左右两侧的货位仅属于一个类，如图 4 – 2（a）所示。

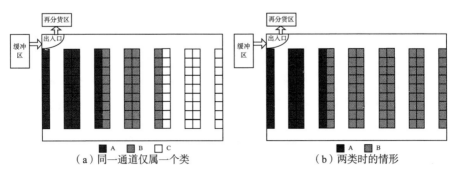

（a）同一通道仅属一个类   （b）两类时的情形

图 4 – 2　假设 H10 与两类时情形

H11：假设每个子区域货位数足够大的可以容纳属于该区域的所有客户。

若分别用 A，B，C，…，表示客户的类别，假设 H11 则意味着 $LTPR_A \geq 1$，$LTPR_B \geq 1$，$LTPR_C \geq 1$，…。为简单化，下面求解仅有 A、B 两类时 *CBS* 策略的期望行走距离。

假设客户根据其历史平均需求量被划分为 A、B 两个类别，这两个类别之间的阈值为 l_1，客户 i 的历史平均需求量为 $\bar{D}_i$。若 $\bar{D}_i > l_1$，客户 i 为 A 类客户，否则为 B 类客户。待分货的可移动货架共有 K 个货位（$K > 1$），即 K 个客户。其中，A、B 类客户数量为 K_1、K_2 个，有：$K = K_1 + K_2$。在同一待分货的可移动货架中，满足 $K_1 > K_2$。

分货区被划分为两个子区域，A 区域为 A 类客户的存储区域，B 区域为 B 类客户的存储区域，A 区域靠近分货区 I/O 点处。分货区划分满足假设 H11，即每个通道仅属于 1 个客户类别。分货区的通道数

为 N，A、B 区域的通道数分别为 N_1、N_2，有：$N = N_1 + N_2$。A 类客户的通道数小于 B 类客户的通道数，即 $N_1 < N_2$。客户在其所属子区域采用随机分配的方法获取货位。

最大可能出现的客户数为 L，与第 3 章类似，假设分货区货位数量不小于最大可能出现的客户数，即 $2M \times N \geq L$。假设 A、B 类客户可能出现的最大数量分别为 L_1、L_2，有：$L = L_1 + L_2$。A 类客户可能出现的最大数量小于 B 类客户可能出现的最大数量，即 $L_1 < L_2$。A、B 类客户的实际出现数分别为 I_1、I_2，有：$I = I_1 + I_2$。在同一时间窗，A 类客户的实际出现数小于 B 类客户的实际出现数，即 $I_1 < I_2$。根据假设 H10、H11，可知：$I_1 \leq L_1 \leq N_1 \times 2M$，$I_2 \leq L_2 \leq N_2 \times 2M$。

上述假设符合 ABC 分类的规律与前提。与 RAN 策略类似，在不确定性下，CBS 策略的实施难点是如何估计 A、B 类客户最大可能出现的客户数，即 L_1、L_2。下面先求有 A、B 两类时，有 K 个货位的可移动货架在 CBS 策略下的期望行走的通道数。根据定理 1，很容易得到定理 7。

定理 7：假设待分货的可移动货架共有 K 个货位（$K > 1$），即 K 个客户。假设 K 个客户随机到达并划分为 A、B 两类，客户数量分别为 K_1、K_2 个（$K_2 \geq 1$，$K_1 > K_2$）。分货区划分为 A、B 两个子区域，分别拥有 N_1、N_2 条通道（$N_1 \geq 1$，$N_2 > N_1$）。若采用 CBS 策略，其期望通道数 $E_{CBS}(K)$ 为：

$$E_{CBS}(K) = N - N_1 \left(\frac{N_1 - 1}{N_1} \right)^{K_1} - N_2 \left(\frac{N_2 - 1}{N_2} \right)^{K_2} \qquad (4-1)$$

推论 7：假设待分货的可移动货架共有 K 个货位（$K > 1$），采用 RAN 策略的期望通道数为 $E_{RAN}(K)$，采用 CBS 策略的期望通道数为 $E_{CBS}(K)$。则有：$E_{RAN}(K) > E_{CBS}(K)$。

证明：$E_{CBS}(K)$ 和 $E_{RAN}(K)$ 可以分别表示为：

$$E_{CBS}(K) = N_1 \left[1 - \left(\frac{N_1 - 1}{N_1} \right)^{K_1} \right] + N_2 \left[1 - \left(\frac{N_2 - 1}{N_2} \right)^{K_2} \right]$$

$$E_{RAN}(K) = N_1 \left[1 - \left(\frac{N - 1}{N} \right)^{K} \right] + N_2 \left[1 - \left(\frac{N - 1}{N} \right)^{K} \right]$$

由于 $N_1 < N$，有 $0 < \frac{N_1 - 1}{N_1} < \frac{N - 1}{N} < 1$，又 $K_1 < K$，有 $\left(\frac{N_1 - 1}{N_1} \right)^{K_1} >$

$\left(\frac{N - 1}{N} \right)^{K_1} > \left(\frac{N - 1}{N} \right)^{K}$。

同理，有 $\left(\frac{N_2 - 1}{N_2} \right)^{K_2} > \left(\frac{N - 1}{N} \right)^{K_2} > \left(\frac{N - 1}{N} \right)^{K}$。则可得 $E_{RAN}(K) >$

$E_{CBS}(K)$。

推论 7 表明，在部分信息时若客户划分符合 ABC 分类准则，则 *CBS* 策略的期望行走通道数要少于 *RAN* 策略。

接下来，求解有 K 个货位的可移动货架在 *CBS* 策略下的最远分货点所在列号的期望值。根据定理 2，采用 *RAN* 策略时，K 个分货位中最远分货点所在列号的期望值为 $\left\lceil N \left(\frac{K}{K+1} \right) \right\rceil + 1$ 或 $N + 1 - \left\lceil \frac{N}{K+1} \right\rceil$。采用 *CBS* 策略时，最远分货点所在列号的期望值为 $N_1 + N_2 + 1 -$ $\left\lceil \frac{N_2}{K_2 + 1} \right\rceil = N + 1 - \left\lceil \frac{N_2}{K_2 + 1} \right\rceil$，由此可得定理 8。

定理 8：有 K 个货位的待分货可移动货架采用 *CBS* 策略分货时，其最远分货点所在列号的期望值为 $N + 1 - \left\lceil \frac{N_2}{K_2 + 1} \right\rceil$。

推论 8：有 K 个货位的待分货可移动货架采用 *CBS* 策略分货时的最远分货点所在列号的期望值不大于采用 *RAN* 策略时最远分货点所在列号的期望值。

证明：仅需证明 $\left\lceil\dfrac{N_2}{K_2+1}\right\rceil\geq\left\lceil\dfrac{N}{K+1}\right\rceil$ 即可，即证明 $N_2K+N_2-NK_2-N\geq0$ 即可。

$$
\begin{aligned}
N_2K+N_2-NK_2-N &= N_2K-NK_2-N_1\\
&= N_2(K_1+K_2)-(N_1+N_2)K_2-N_1\\
&= N_2K_1-N_1K_2-N_1\\
&= N_2K_1-N_1(K_2+1)
\end{aligned}
$$

因为 $K_1>K_2$，且 K_1、K_2 为整数，则 $K_1\geq K_2+1$。又因为 $N_2>N_1$，得 $N_2K_1-N_1(K_2+1)>0$，则可得 $\left\lceil\dfrac{N_2}{K_2+1}\right\rceil\geq\left\lceil\dfrac{N}{K+1}\right\rceil$，得证。

推论 8 表明，在部分信息时若客户划分符合 ABC 分类准则，则 CBS 策略的最远分货点距分货区 I/O 点的距离不大于 RAN 策略。

根据定理 7、定理 8，很易求出有 K 个货位（$K>1$）的待分货货架，在 CBS 策略时的期望分货距离。由此可得定理 9：

定理 9：当对任意有 K 个货位（$K>1$）的待分货货架，假设 K 个客户随机到达并划分为 A、B 两类，客户数量分别为 K_1、K_2 个（$K_2\geq1$，$K_1>K_2$）。分货区划分为 A、B 两个区域，分别拥有 N_1、N_2 条通道（$N_1\geq1$，$N_2>N_1$）。若分货区货位分配采取 CBS 策略，则其期望分货距离 $DD_{CBS}(K)$ 为：

$$
DD_{CBS}(K)=M\times\left(N-N_1\left(\frac{N_1-1}{N_1}\right)^{K_1}-N_2\left(\frac{N_2-1}{N_2}\right)^{K_2}-\frac{1}{2}\right)
$$

$$
+w\times\left(N-\left\lceil\frac{N_2}{K_2+1}\right\rceil\right) \tag{4-2}
$$

根据推论 7、推论 8，可得推论 9：

推论 9：假设待分货的可移动货架共有 K 个货位（$K>1$），采用 RAN 策略的期望分货距离为 $DD_{RAN}(K)$，采用 CBS 策略的期望分货距

离为 $DD_{CBS}(K)$。则有：$DD_{RAN}(K) > DD_{CBS}(K)$。

推论 9 表明，在部分信息时若客户划分符合 ABC 分类准则，则 CBS 策略的行走距离小于 RAN 策略。

下面求解客户 i 在 CBS 策略下的期望转移距离。根据定理 3，很容易求出客户 i 的期望转移距离，见定理 10。

定理 10：假设客户 i 的需求为 D_i，其历史平均需求量为 $\bar{D}_i$，货位分配策略采用 CBS 策略，则其期望转移距离为：

$$E_{CBS}(TD_i) = \begin{cases} V_i \times \left\lceil \dfrac{D_i}{q_0} \right\rceil \times \left(\dfrac{(M+1)}{2} + w \times \dfrac{(N_1-1)}{2} \right), & \bar{D}_i > l_1 \\[3mm] V_i \times \left\lceil \dfrac{D_i}{q_0} \right\rceil \times \left(\dfrac{(M+1)}{2} + w \times \left(N_1 + \dfrac{(N_2-1)}{2} \right) \right), & \bar{D}_i \leq l_1 \end{cases}$$

$$(4-3)$$

根据定理 3、定理 10，很容易得出推论 10：

推论 10：假设客户 i 随机到达，采用 RAN 策略时客户 i 的期望转移距离为 $E_{RAN}(TD_i)$，采用 CBS 策略时的期望转移距离 $E_{CBS}(TD_i)$。则有：$E_{RAN}(TD_i) > E_{CBS}(TD_i)$。

推论 10 表明，在部分信息时若客户划分符合 ABC 分类准则，则 CBS 策略时客户 i 的期望转移距离小于 RAN 策略。

根据定理 9、定理 10，与 RAN 策略类似，可以求出货位分配策略采用 CBS 策略下的期望行走距离。并且，若在部分信息时若客户划分符合 ABC 分类准则，则 CBS 策略的行走距离小于 RAN 策略，即推论 11：

推论 11：假设客户被划分为 A、B 类，A 类客户的需求量大于 B 类客户，A、B 两类客户的实际出现数分别为 I_1、I_2 且满足 $I_1 < I_2$；分货区对应被划分为 A、B 两个区域，且 A 类客户占用的通道数小于

B 类客户，即 $N_1 < N_2$；待分货货架数为 J，则 CBS 策略要优于 RAN 策略。

上述定理和推论仅考虑了两类时的情形。在 CBS 策略中，若每个客户属于一个类，CBS 策略等价于 FUL 策略（Rosenblatt & Eynan，1989）。因此，客户划分类别的数量越多，分货绩效越高（Van den Berg & Gademann，2000；Petersen et al.，2004）。上述推导证明了客户仅被划分为两类时，CBS 策略都优于 RAN 策略，因此，客户类别数越多，CBS 策略的分货绩效将超出 RAN 策略的越多。

比 RAN 策略更为复杂的是，CBS 策略要估计各客户类别最大可能出现的数量，用于生成类别内的随机数。在实践过程中，首先要先确定客户类别的数量，然后估计每个类别可能出现的最大客户数 L_A、L_B、L_C、…，然后根据 L_A、L_B、L_C、…对分货区进行划分。当某个客户出现时，首先判断该客户所属的类别，然后在其对应的子区域中生成一随机数，作为该客户的货位。

根据本节的分析，在 CBS 策略中，只要历史统计样本数足够，客户类别的划分满足 ABC 分类准则，则 CBS 策略的分货绩效要优于 RAN 策略。因此，尽管客户到达与客户需求存在不确定性，可以通过历史统计信息来实施 CBS 策略，以改进订单分货系统的分货绩效。

4.2.2 样本数据

选择该拍卖市场 4～6 月共 88 个交易日的实际交易数据作为样本数据，统计客户的历史需求，在此期间的描述性统计如表 4-1 所示。仍选用该拍卖市场 7 月 2～31 日近 30 个交易日的交易数据进行模拟分析，分货区配置与 3.4.2 节一致（见表 3-1）。

表 4-1　　　　某花卉拍卖中心 4~6 月共 88 个交易日的统计数据

类别	均值	最大值	最小值
客户数（人）	334.94	376	287
客户交易天数（天）	51.98	88	1
分货台车数（辆）	1 826.91	2 817	1 295
每辆台车客户数（人）	4.88	15	1
分货桶数（桶）	21 057.47	32 680	14 501
平均分货桶数/台车（桶）	11.53	18	6
交易笔数（笔）	10 035.25	15 697	7 233
客户购买桶数（桶）	62.87	1 017	1

从表 4-1 可以看出，客户到达及其需求存在不确定性。在此期间，出现的最大客户数为 376，最小客户数为 287。在 88 天的交易中，平均每个客户出现近 52 天，最多的 88 天都参加了交易，而最少的仅参加了某一天的交易。平均每天有近 1 827 辆台车、近 21 057 桶花、近 10 035 个交易批次需在极短的时间内分货完毕，高峰时期的分货量分别达 2 817 辆台车、32 680 只花桶、15 697 个交易批次，而低峰时期的分货量仅为 1 295 辆台车、14 501 只花桶、7 233 个交易批次。每个客户平均每天购买近 63 桶，最高的某客户某天购买了 1 017 桶，而最低的某客户某天仅购买了 1 桶。

每辆待分货台车的客户数、桶数基本固定。平均每张台车近 5 个客户，近 99.7% 台车出现的客户数在 4~6 个之间。每辆待分货台车的平均待分货桶数大约为 12 桶，99.78% 的待分货台车桶数 9~14 桶之间，小于台车的装载量 18 桶，即满足 $q_j \leq q_0$。

进一步统计各客户 4~6 月的日均需求量，统计结果如表 4-2 所示。在此期间，总共出现了 567 位客户。由于台车容量为 18 桶，所以将组距设置为 18 桶。从表 4 – 2 中可以看出，日均购买量超过 216 桶的客户仅有 2 位，而日均购买量小于 18 桶（即 q_0）的客户达 72 位，8.99% 的客户（日均购买量大于 108 桶）贡献了 31.49% 的购买量，客户间需求量的差异很大。

表 4 – 2　　　　　　　　　样本期客户的需求分布统计 *

日平均购买量 （桶）	客户数 （人）	比例 （%）	累计比 （%）	总购买量 （桶）	比例 （%）	累计比 （%）
$\bar{q} > 216$	2	0.35	0.35	63494	3.43	3.43
$198 < \bar{q} \leqslant 216$	3	0.53	0.88	55 451	2.99	6.42
$180 < \bar{q} \leqslant 198$	1	0.18	1.06	16 162	0.87	7.29
$162 < \bar{q} \leqslant 180$	2	0.35	1.41	18 887	1.02	8.31
$144 < \bar{q} \leqslant 162$	7	1.23	2.65	89 563	4.83	13.14
$126 < \bar{q} \leqslant 144$	17	3.00	5.64	179 664	9.70	22.84
$108 < \bar{q} \leqslant 126$	19	3.35	8.99	160 325	8.65	31.49
$90 < \bar{q} \leqslant 108$	39	6.88	15.87	251 278	13.56	45.05
$72 < \bar{q} \leqslant 90$	55	9.70	25.57	301 410	16.27	61.32
$54 < \bar{q} \leqslant 72$	53	9.35	34.92	186 617	10.07	71.39
$36 < \bar{q} \leqslant 54$	128	22.57	57.50	297 828	16.07	87.46
$18 < \bar{q} \leqslant 36$	169	29.81	87.30	209 608	11.31	98.77
$0 < \bar{q} \leqslant 18$	72	12.70	100.00	22 768	1.23	100.00
合计	567	100.00		1 853 055	100.00	

注：* 以台车容量 $q_0 = 18$ 为组距。

4.2.3　客户类别与货位数量

在静态情形下和完全信息下的订单分拣系统中，实施 *CBS* 策略有以下 3 个关键：类的划分准则、类的数量、类的边界。类的划分准则指划分类的指标，常用的指标包括拣货量、需求量、COI、LOS 等。类的数量是指到底划分为多少个类。类的边界是根据类的划分准则、类的数量来确定不同类之间的边界值或阈值。

在本节的模拟中，本书以客户的历史平均需求量作为客户类别划分的准则。历史平均需求量即能反映客户的历史分货次数，又能反映客户的历史转移次数。类的数量选用常见的 3 类，即 A 类、B 类、C 类。类的边界按照台车容量即 q_0 的整数倍来进行划分，根据表 4 - 2 的统计数据，将客户历史平均需求量大于 108 桶的作为 A 类客户，客户历史平均需求量不大于 54 桶的作为 C 类客户，中间的为 B 类客户。

与静态情形下和完全信息下的订单分拣系统相区别的是：在不确定性的订单分货系统中，还存在另外一类决策，即分货区中各子区域的货位数量。比如，根据类的划分准则与类的边界，B 类客户有 147 位，但由于客户达到的不确定性，B 类客户在分货区中对应子区域货位的数量肯定要小于 147 个。为此，本书进一步根据客户购买量区间统计日均的客户数，并以此为依据来确定分货区中 B 类客户子区域的货位数量。本模拟的 ABC 分类指标和货位数量如表 4 - 3 所示。由于货位数量对分析绩效将产生影响，对表 4 - 3 中货位数量的划分简称 ABC - 1 划分，其对应的 CBS 策略简称为 CBS - 1 策略。

表 4 - 3   ABC 分类指标和货位数量

购买量区间	日平均客户数	累计数	类别	划分准则	客户数	货位数量（ABC - 1）
$q > 108$	51.51	51.51	A 类	$\bar{q} > 108$	51	48
$54 < q \leqslant 108$	93.5	145.01	B 类	$54 < \bar{q} \leqslant 108$	147	96
$0 < q \leqslant 54$	189.93	334.94	C 类	$0 < \bar{q} \leqslant 54$	369	236

严格地讲，上述类的划分准则、类的边界、类的数量及类对应子区域的货位数量的相关决策是根据探测法（trial and error）进行的。关于上述决策的进一步讨论见本章4.4节。

4.2.4 模拟结果及分析

CBS 策略的伪码算法见附件 B－4，分货区配置与表 3－1 相同（$M = 24$），货位数量决策采用 ABC－1，其模拟结果，如表 4－4 所示。将表 4－4 与表 3－2 进行对比，可以发现：

（1）从分货距离看，CBS－1 策略总体上优于 RAN 策略，但比 COL 策略要差。

（2）从转移距离看，CBS－1 策略总体上优于 RAN 策略与 COL 策略，主要是因为 CBS 策略中需求量大的类的子区域靠近仓库的 I/O 点。

（3）因分货距离远大于转移距离，由此导致从总的行走距离上看，COL 策略最优，RAN 策略最差，CBS1－1 策略介于两者之间。

表 4－4   CBS 策略分类为 ABC－1 时的分货绩效（$M = 24$，$L = 380$）

日期	DD	TD	TTD	日期	DD	TD	TTD
0702	184 023	30 535	214 558	0710	155 309	25 636	180 945
0703	151 752	24 644	176 396	0711	144 576	23 581	168 157
0704	143 999	22 354	166 353	0712	140 670	21 939	162 609
0705	128 126	20 767	148 893	0713	121 318	20 650	141 968
0706	151 756	25 447	177 203	0714	139 899	22 974	162 873
0707	125 745	20 949	146 694	0715	138 261	22 364	160 625
0708	146 099	23 984	170 083	0716	154 694	25 817	180 511
0709	138 849	22 808	161 657	0717	151 121	25 368	176 489

日期	*DD*	*TD*	*TTD*	日期	*DD*	*TD*	*TTD*
0718	156 716	27 003	183 719	0727	151 717	25 570	177 287
0719	140 793	22 553	163 346	0728	163 269	26 434	189 703
0720	138 908	22 652	161 560	0729	164 814	27 000	191 814
0721	117 909	19 563	137 472	0730	164 344	27 459	191 803
0722	130 131	20 767	150 898	0731	150 795	26 005	176 800
0723	134 822	22 019	156 841	最大值	184 023	30 535	214 558
0724	149 663	25 153	174 816	平均值	146 802.00	24 218.93	171 020.93
0725	161 485	27 268	188 753	最小值	117 909	19 563	137 472
0726	162 497	27 305	189 802				

表 4-5 进一步对 *RAN* 策略、*COL* 策略、*CBS*-1 策略的分货距离、转移距离与总的行走距离的统计指标进行对比（$M=24$）。从总体上看，*CBS*-1 策略的分货距离、转移距离与总的行走距离分别超出 *FUL* 策略 20.11%、28.65%、21.25%，而 *COL* 策略分别为 9.76%、36.78%、13.37%，但 *RAN* 策略为 37.53%、65.05%、41.20%。*CBS*-1 策略所获取的部分信息的优势并未得到充分发挥。

表 4-5 *RAN*、*COL*、*CBS*-1、*FUL* 等策略统计指标对比（$M=24$，$L=380$）

绩效指标		*FUL*	*COL*	*RAN*	*CBS*-1
DD	平均值	122 222.4	134 151.6	168 094	146 802
	最小值	92 007	103 113	138 713	117 909
	最大值	151 151	178 465	217 096	184 023
超出比例			9.76%	37.53%	20.11%

续表

绩效指标		*FUL*	*COL*	*RAN*	*CBS* – 1
TD	平均值	18 825. 5	25 749. 80	31 072	24 218. 90
	最小值	14 158	20 418	25 217	19 563
	最大值	23 444	33 419	41 514	30 535
超出比例			36. 78%	65. 05%	28. 65%
TTD	平均值	141 047. 9	159 901. 40	199 166	171 020. 90
	最小值	106 165	123 531	163 930	137 472
	最大值	174 595	211 884	258 610	214 558
超出比例			13. 37%	41. 20%	21. 25%

图 4 – 3 （a）、图 4 – 3 （b）、图 4 – 3 （c） 描述了 *COL* 策略、*RAN* 策略、*CBS* – 1 策略的分货距离、转移距离与行走距离分别超出 *FUL* 策略的比例 （*M* = 24）。从图 4 – 3 中可以看出，*CBS* – 1 策略的分货绩效肯定优于 *RAN* 策略，这与理论推导的结论一致。但同 *COL* 策略相比，尽管 *CBS* – 1 策略转移距离小，但因其分货距离要大，由此导致分货绩效要差。

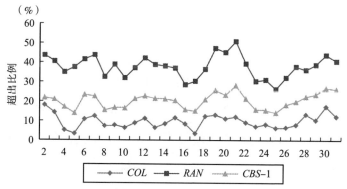

图 4 – 3 （a）　不同货位分配策略分货距离超出吞吐量分配的比例 （*M* = 24，*L* = 380）

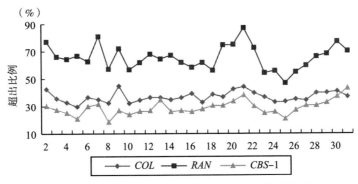

图 4 – 3（b） 不同货位分配策略转移距离超出吞吐量分配的比例（$M=24$，$L=380$）

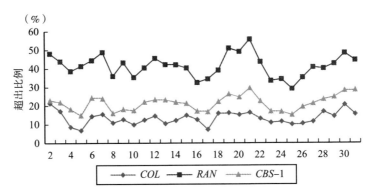

图 4 – 3（c） 不同货位分配策略行走距离超出吞吐量分配的比例（$M=24$，$L=380$）

4.2.5 敏感性分析

与第 3 章类似，本书进一步分析分货区形状对分货绩效的影响。同样地，令 $M=8$，10，12，14，16，…，40，分别模拟分货区形状对 $CBS-1$ 策略的分货距离、转移距离和行走距离的影响，其中分货距离、转移距离和行走距离仍取 7 月 2～31 日 30 个交易日的平均值，模拟结果，如表 4 – 6 所示。从表 4 – 6 中可以看出，$CBS-1$ 策略的分货距离、转移距离的最优形状分别为 $M=16$、$M=28$。从总的行走距离来看，分货区的最优形状为 $M=18$。

表 4 – 6 分货区形状对 $CBS-1$ 策略的影响

M	DD	TD	TTD	M	DD	TD	TTD
8	168 328.50	43 539.47	211 867.97	28	152 067.87	23 470.83	175 538.70
10	153 246.60	36 233.57	189 480.17	30	154 467.27	23 499.90	177 967.17
12	145 442.87	31 811.37	177 254.23	32	158 243.77	24 070.37	182 314.13
14	142 176.97	28 756.97	170 933.93	34	159 190.67	24 226.87	183 417.53
16	141 415.07	26 741.57	168 156.63	36	161 046.63	24 845.00	185 891.63
18	141 439.77	25 541.63	166 981.40	38	165 521.03	25 335.77	190 856.80
20	142 821.60	24 479.07	167 300.67	40	166 870.77	25 193.57	192 064.33
22	144 536.93	24 068.53	168 605.47	最大值	168 328.50	43 539.47	211 867.97
24	146 802.00	24 218.93	171 020.93	平均值	152 535.64	27 047.25	179 582.89
26	149 487.63	23 769.77	173 257.40	最小值	141 415.07	23 470.83	166 981.40

进一步描述 $CBS-1$ 策略分货距离、转移距离与行走距离与分货区形状之间的关系，并与 COL 策略、RAN 策略、$CBS-1$ 策略、FUL 策略进行对比，如图 4 – 4（a）、图 4 – 4（b）、图 4 – 4（c）。从图 4 – 4 中可以看出：

（1）随着形状参数 M 的变化，无论是分货距离、转移距离，还是行走距离，随参数 M 的增加，都是先减少后增加，但三种距离 M 的阀值有所不同。

（2）无论形状参数 M 如何变化，无论是分货距离、转移距离，还是行走距离，总体而言存在着：$DD_{FUL} < DD_{COL} < DD_{CBS-1} < DD_{RAN}$、$TD_{FUL} < TD_{CBS-1} < TD_{COL} < TD_{RAN}$、$TTD_{FUL} < TTD_{COL} < TTD_{CBS-1} < TTD_{RAN}$。

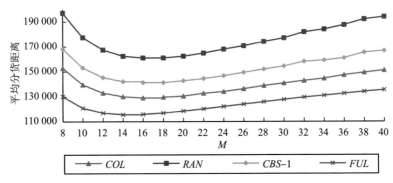

图 4-4（a） 形状参数对分货距离的影响

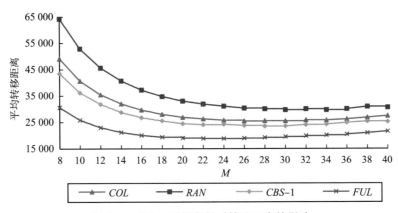

图 4-4（b） 形状参数对转移距离的影响

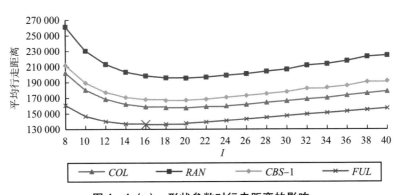

图 4-4（c） 形状参数对行走距离的影响

表 4 - 7 描述了 $M = 18$ 时 $CBS - 1$ 策略、RAN 策略、COL 策略的分货距离、转移距离与行走距离分别超出 FUL 策略的比例。从表 4 - 7 中可以看出,从总的行走距离看,$CBS - 1$ 策略超出 FUL 策略 22.41%,而 RAN 策略、COL 策略分别为 43.64%、15.67%。

表 4 - 7 　　　　　　$M = 18$ 时各策略的 DD、TD 与 TTD

超出 FUL 策略的比例（$L = 380$）　　　　　单位:%

策略	DD	TD	TTD
RAN	37.73	79.29	43.64
COL	10.89	44.50	15.67
$CBS - 1$	20.87	31.71	22.41

从以上模拟可以看出,CBS 策略在货位数量决策为 ABC - 1 时,并未取得超出 COL 策略的分货绩效。

4.3　改进的基于类的分配

本节分别从解析求解与案例模拟两个角度对部分信息下的 UCB 策略进行系统研究。首先,本书在 CBS 策略基础上提出 UCB 策略,分别对 UCB 策略与 CBS 策略、COL 策略进行比较。然后,通过实际案例模拟了 UCB 策略的分货绩效,并与前面的 RAN 策略、COL 策略、CBS 策略与 FUL 策略进行比较,进一步分析货位数量、仓库形状对 UCB 策略的影响。

4.3.1　分货绩效分析

根据第 3 章的分析，若 $LTPR > 1$ 时，即使客户随机到达，COL 策略都要优于 RAN 策略。根据 4.2.4 小节的模拟分析也可以看出，COL 策略要优于 CBS 策略。为此，在此提出改进的基于类的分配策略。所谓基于改进的基于类的分配策略（updated class based storage location，UCB），是指客户在其存储区域采用最近空位分配的方法获取货位，而不是采用随机分配的方法获取货位。

UCB 策略充分利用了最近空位分配中 $LTPR_A = LTPR_B = \cdots = 1$ 的特征。在同等条件下，即 UCB 策略在客户类别数、客户划分准则、分货区各子区域的划分等都与 CBS 策略一致时，根据推论 4、推论 5、推论 6 可知，UCB 策略的分货绩效要优于 CBS 策略，即推论 12。

推论 12：假设客户随机到达且客户划分符合 ABC 分类准则，分货区划分满足客户类别数量的划分准则，当客户分类标准与分货区各类别的货位相同时：

（1）有 K 个货位（$K > 1$）待分货的可移动货架，采用 RAN 策略的期望分货距离为 $DD_{RAN}(K)$，采用 CBS 策略的期望分货距离为 $DD_{CBS}(K)$，采用 UCB 策略的期望分货距离为 $DD_{UCB}(K)$，则 $DD_{RAN}(K) > DD_{CBS}(K) > DD_{UCB}(K)$。

（2）所有客户采用 RAN 策略时的平均期望转移距离 $E_{RAN}(\overline{TD})$，采用 CBS 策略时的期望转移距离 $E_{CBS}(\overline{TD})$，采用 UCB 策略时的期望转移距离 $E_{UCB}(\overline{TD})$，则 $E_{RAN}(\overline{TD}) > E_{CBS}(\overline{TD}) > E_{UCB}(\overline{TD})$。

（3）假设客户出现数为 I，共有 J 辆待分货的可移动货架，采用 RAN 策略时的总行走距离 TTD_{RAN}，采用 CBS 策略时的总行走距离

TTD_{CBS}，采用 UCB 策略时的总行走距离 TTD_{UCB}，则 $TTD_{RAN} > TTD_{CBS} > TTD_{UCB}$。

推论 12 并未证明 UCB 策略优于 COL 策略。下面仍仅考虑有 A、B 两类时的情形。假设 COL 策略仅使用前 $I = 96$ 个货位，如图 4 – 5（a）所示。假设在 UCB 策略中，前 36 个货位被分配给 A 类客户，但 A 类客户仅出现了 32 位。因此，A 区尾端出现了 4 个空货位，而 B 区则增加量了 4 个货位，如图 4 – 5（b）所示。此时，在 UCB 策略中实际使用的分货区被扩大了。因此，无法比较 UCB 策略与 COL 策略的分货绩效。

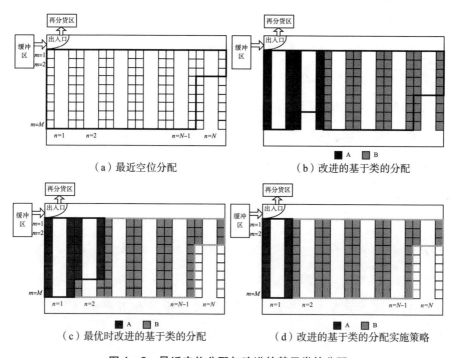

（a）最近空位分配　　　　　（b）改进的基于类的分配

（c）最优时改进的基于类的分配　　（d）改进的基于类的分配实施策略

图 4 – 5　最近空位分配与改进的基于类的分配

由于无法确切知道 A 类客户的数量，最优的情形往往是无法知道的。但是，假定 A、B 类客户的实际出现数分别为 I_1、I_2，在货位数量决策时可以将分货区中预留给 A 类客户的货位数少一点，如图 4 - 5（d）所示，A 区中仅有 18 个货位。当某个 A 类客户出现时，若 A 区中有空货位，则采用最近空位分配获取一个货位。当 A 区中没有空货位时，则在 B 区采用最近空位分配获取一个货位。根据推论 9 可知，此时，改进的基于类的分配策略的分货距离将小于最近空位分配。且根据推论 11，客户的平均转移距离也将小于最近空位分配。由此，得推论 13：

推论 13：假设客户随机到达且客户划分符合 ABC 分类准则，客户被划分为 A、B 两类，客户出现的数量分别为 I_1、I_2。分货区分别被划分为 A、B 两个区域，A 区货位数量为 I'_1，且 $I'_1 < I_1$：

（1）有 K 个货位（$K > 1$）待分货的可移动货架，采用 COL 策略的期望分货距离为 $DD_{COL}(K)$，采用 UCB 策略的期望分货距离为 $DD_{UCB}(K)$，则 $DD_{COL}(K) > DD_{UCB}(K)$。

（2）所有客户采用 COL 策略时的平均期望转移距离 $E_{COL}(\overline{TD})$，采用 UCB 策略时的平均期望转移距离 $E_{UCB}(\overline{TD})$，则 $E_{COL}(\overline{TD}) > E_{UCB}(\overline{TD})$。

（3）假设客户出现数为 I，共有 J 辆待分货的可移动货架，采用 COL 策略时的总行走距离 TTD_{COL}，采用 UCB 策略时的总行走距离 TTD_{UCB}，则 $TTD_{COL} > TTD_{UCB}$。

对 A 区预留货位少一点时，可确保 A 区采用 UCB 策略时 $LTPR = 1$。但并不是 A 区预留货位越少越好，因为太少会导致很多 A 类客户并非在其所期望出现的位置。特别是当出现多个客户类别时，以存在 A、B、C 三类为例，若 A 类、B 类都预留的太少，有可能导致 A 类客户出现在 C 区域。最好的分货区域划分是 A 类客户的出现数与 A

区域的预留数恰好相等，如图 4 - 5（c）所示。但在实践中，是很难估计每个时间窗 A 类客户的数量，且每个时间窗 A 类客户出现的数量是变动的。

在 UCB 策略中，让前面客户类别的货位数量略小于客户出现数量，同样适用于 CBS 策略，即并不需要保证前面类别的最大可能出现数大于客户出现数：若 A 类客户出现且 A 区仍有空货位，则在 A 区随机获取一个货位，否则若 B 区有空货位，则在 B 区随机获取一个货位，以此类推。这种思路将有利于解决前面客户类别货位数量估计的难点。

综上，UCB 策略具有以下优势：

（1）同 CBS 策略相比，UCB 策略在实践中更容易实施。且在同等条件下，UCB 策略的分货绩效要优于 CBS 策略。

（2）在 UCB 策略中，更容易设置各类别客户的货位数量，让其分货绩效优于 COL 策略。

4.3.2　货位数量

在分析 UCB 对经典的 CBS 的分货绩效改进时，客户类别的划分准则与 4.2.3 小节中 CBS 一致。根据 4.3.1 小节的分析，由于无法准确预知各类别客户出现的数量，在实施 UCB 策略时，可以让吞吐量大的客户的货位数量相对少一些，这样既容易实施 UCB 策略，也可以获得超出 CBS 策略的分货绩效。

为此，在模拟分析 UCB 策略时，本书给出了两组货位数量：第一组的货位数量与 4.2.3 小节中 CBS 策略模拟的货位数量一致，即 ABC - 1，用于比较 UCB 策略与 CBS 策略的分货绩效；第二组的货位

数量则根据 4.3.1 小节的分析，将 A 类客户、B 类客户分别预留了
36 个、144 个货位，该货位数量决策称为 ABC-2，用于验证 4.3.1
小节的结论。上述两组货位数量决策，如表 4-8 所示。货位数量决
策采用 ABC-1 时的 *UCB* 策略称为 *UCB*-1，货位数量决策采用
ABC-2 时的 *UCB* 策略称为 *UCB*-2。

表 4-8　　　　　　　　ABC 类货位数量的决策　　　　　　　单位：个

类别	ABC-1		ABC-2	
	货位数	累计数量	货位数	累计数量
A 类	48	48	36	36
B 类	96	144	108	144
C 类	236	380	236	380

4.3.3　模拟结果及分析

UCB 策略的伪码算法见附录第 5 点，分货区配置与表 3-1 相同
（$M=24$，$L=380$），其模拟结果如表 4-9 所示。结合表 3-2、表 4-4，
从表 4-8 中可以看出：

（1）从分货距离看，*UCB*-2 策略优于 *UCB*-1 策略，且都优于
COL 策略，即 $DD_{FUL} < DD_{UCB-2} < DD_{UCB-1} < DD_{COL} < DD_{CBS-1} < DD_{RAN}$。

（2）从转移距离看，*UCB*-2 策略有时优于 *UCB*-1 策略，有时
劣于 *UCB*-1 策略，但都优于 *COL* 策略与 *CBS*-1 策略，即 $TD_{FUL} < DD_{UCB-2} or DD_{UCB-1} < TD_{CBS-1} < TD_{COL} < TD_{RAN}$。

（3）从总的行走距离看，*UCB*-2 策略优于 *UCB*-1 策略，但都
优于 *COL* 策略与 *CBS*-1 策略，即 $TTD_{FUL} < TTD_{UCB-2} < TTD_{UCB-1} < TTD_{COL} < TTD_{CBS-1} < TD_{RAN}$。

上述模拟结果证明了 4.3.1 小节中的相关结论：

（1）当 UCB 策略与 CBS 策略各类子区域的货位数量相同时，UCB 策略的分货绩效优于 CBS 策略。

（2）实施 UCB 策略时，若需求量较大的类的货位数量决策满足 $LTPR < 1$ 时，UCB 策略的分货绩效将优于 COL 策略，且当 $LTPR \approx 1$ 时最优。

因此，在实施 UCB 策略时，对需求量较大的类的货位数量的估计可以相对保守一些。

表 4 - 9 　　　$UCB - 1$ 策略、$UCB - 2$ 策略的分货绩效（$M = 24$，$L = 380$）

日期	$UCB - 1$			$UCB - 2$		
	DD	TD	TTD	DD	TD	TTD
0702	165 365	27 698	193 063	161 511	27 558	189 069
0703	136 616	22 896	159 512	135 183	22 929	158 112
0704	129 544	20 785	150 329	126 899	20 854	147 753
0705	113 680	19 397	133 077	112 101	19 649	131 750
0706	133 448	23 380	156 828	130 897	22 946	153 843
0707	110 941	18 205	129 146	108 041	18 367	126 408
0708	132 487	23 908	156 395	129 356	24 020	153 376
0709	124 334	21 632	145 966	122 470	21 323	143 793
0710	139 333	24 412	163 745	137 604	24 489	162 093
0711	127 179	22 172	149 351	125 574	22 502	148 076
0712	123 941	20 700	144 641	123 117	20 922	144 039
0713	104 979	18 036	123 015	103 298	18 209	121 507
0714	124 366	21 956	146 322	121 027	21 490	142 517
0715	123 407	20 897	144 304	122 784	21 197	143 981
0716	140 114	24 722	164 836	138 643	24 838	163 481
0717	134 154	23 266	157 420	133 132	23 497	156 629

日期	UCB − 1			UCB − 2		
	DD	TD	TTD	DD	TD	TTD
0718	141 233	26 045	167 278	140 226	26 214	166 440
0719	124 746	21 045	145 791	123 962	21 095	145 057
0720	123 863	20 034	143 897	122 353	19 774	142 127
0721	102 622	17 022	119 644	100 364	17 014	117 378
0722	116 795	19 178	135 973	114 770	19 101	133 871
0723	122 401	20 645	143 046	120 597	20 784	141 381
0724	135 599	23 464	159 063	134 125	23 433	157 558
0725	147 973	26 762	174 735	145 833	26 659	172 492
0726	144 971	25 844	170 815	142 311	25 771	168 082
0727	135 544	23 627	159 171	133 481	23 630	157 111
0728	147 272	24 438	171 710	145 786	24 243	170 029
0729	147 254	25 211	172 465	143 272	24 793	168 065
0730	149 672	25 887	175 559	146 526	25 939	172 465
0731	135 493	22 734	158 227	131 194	22 367	153 561
最大值	165 365	27 698	193 063	161 511	27 558	189 069
平均值	131 310. 87	22 533. 27	153 844. 13	129 214. 57	22 520. 23	151 734. 80
最小值	102 622	17 022	119 644	100 364	17 014	117 378

表 4 − 10 进一步对 RAN 策略、COL 策略、CBS − 1 策略、UCB − 1 策略、UCB − 2 策略的分货距离、转移距离与总的行走距离等统计指标进行对比（M = 24，L = 380）。从总体上看：

（1）当货位数量为 ABC − 1 方案时，UCB − 1 策略的分货距离、转移距离与行走距离分别超出 FUL 策略 7.44%、19.70%、9.07%，而 CBS − 1 策略分别超出 FUL 策略 20.11%、28.65%、21.25%，UCB 策略远优于 CBS 策略。

（2）当货位数量为 ABC – 1 方案时，CBS – 1 策略的转移距离小于 COL 策略，而分货距离、行走距离则大于 COL 策略；但是 UCB 策略的分货距离、转移距离与行走距离则都优于 COL 策略。

（3）当货位数量为 ABC – 2 方案时，UCB 策略的分货距离、转移距离与行走距离分别超出 FUL 策略 5.72%、19.63%、7.58%，相比 ABC – 1 方案，分货绩效进一步得到改进。

表 4 – 10　　　　各分货策略统计指标对比（M = 24，L = 380）

绩效指标		FUL	COL	RAN	CBS – 1	UCB – 1	UCB – 2
DD	平均值	122 222.4	134 151.6	168 094.0	146 802.0	131 310.9	129 214.6
	最小值	92 007	103 113	138 713	117 909	102 622	100 364
	最大值	151 151	178 465	217 096	184 023	165 365	161 511
超出比例			9.76%	37.53%	20.11%	7.44%	5.72%
TD	平均值	18 825.5	25 749.8	31 072.0	24 218.9	22 533.3	22 520.2
	最小值	14 158	20 418	25 217	19 563	17 022	17 014
	最大值	23 444	33 419	41 514	30 535	27 698	27 558
超出比例			36.78%	65.05%	28.65%	19.70%	19.63%
TTD	平均值	141 047.9	159 901.4	199 166.0	171 020.9	153 844.1	151 734.8
	最小值	106 165	123 531	163 930	137 472	119 644	117 378
	最大值	174 595	211 884	258 610	214 558	193 063	189 069
超出比例			13.37%	41.20%	21.25%	9.07%	7.58%

图 4 – 6（a）、图 4 – 6（b）、图 4 – 6（c）描述了 COL 策略、RAN 策略、CBS 策略、UCB 策略的分货距离、转移距离与行走距离分别超出 FUL 策略的比例（M = 24，L = 380）。从图中可以看出，UCB – 1 策略的分货绩效相比 CBS – 1 策略而言进行了改进，UCB – 2 策略的分货绩效相比 UCB – 1 策略与 COL 策略而言都进行了改进。

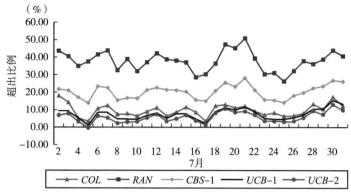

图 4 - 6 （a） 不同货位分配策略的分货距离超出吞吐量分配的

比例 （$M = 24$，$L = 380$）

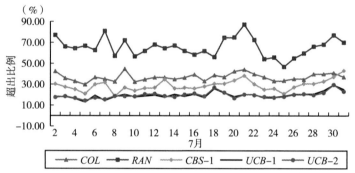

图 4 - 6 （b） 不同货位分配策略的转移距离超出吞吐量分配的

比例 （$M = 24$，$L = 380$）

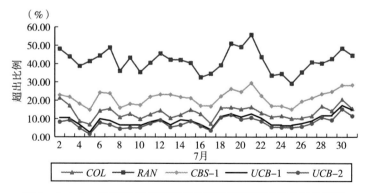

图 4 - 6 （c） 不同货位分配策略的行走距离超出吞吐量分配的

比例 （$M = 24$，$L = 380$）

4.3.4　敏感性分析

同样地，分析分货区形状对分货绩效的影响。令 $M = 8$，10，12，14，16，…，40，分别模拟分货区形状对 $UCB-1$、$UCB-2$ 策略的分货距离、转移距离和行走距离的影响，其中分货距离、转移距离和行走距离仍取 7 月 2 ~ 31 日之间的平均值，模拟结果如表 4 - 11 所示。从表 4 - 11 中可以看出，$UCB-1$ 策略的分货距离、转移距离与总的行走距离的最优形状分别为 $M = 18$、$M = 28$、$M = 18$；而 $UCB-2$ 策略的分货距离、转移距离与总的行走距离的最优形状分别为 $M = 18$、$M = 26$、$M = 18$；即 $CBS-1$ 策略、$UCB-1$ 策略、$UCB-2$ 策略分货最优的分货区形状皆为 $M = 18$。

表 4 - 11　　　　分货区形状对 $UCB-1$、$UCB-2$ 策略的影响

M	$UCB-1$			$UCB-2$		
	DD	TD	TTD	DD	TD	TTD
8	148 414. 97	40 106. 13	188 521. 10	147 626. 67	40 129. 87	187 756. 53
10	136 112. 60	33 521. 00	169 633. 60	135 075. 17	33 523. 20	168 598. 37
12	129 402. 17	29 425. 50	158 827. 67	128 495. 03	29 444. 73	157 939. 77
14	127 170. 40	26 761. 03	153 931. 43	126 269. 63	26 802. 07	153 071. 70
16	127 135. 57	25 012. 30	152 147. 87	125 649. 87	25 018. 47	150 668. 33
18	126 847. 63	23 965. 47	150 813. 10	125 133. 10	24 004. 13	149 137. 23
20	129 026. 43	23 212. 33	152 238. 77	127 510. 83	23 161. 87	150 672. 70
22	130 818. 27	22 697. 93	153 516. 20	129 007. 77	22 667. 20	151 674. 97
24	131 310. 87	22 533. 27	153 844. 13	129 214. 57	22 520. 23	151 734. 80
26	134 061. 03	22 276. 63	156 337. 67	132 710. 27	22 269. 97	154 980. 23
28	136 759. 07	22 264. 20	159 023. 27	135 730. 47	22 337. 47	158 067. 93

续表

M	UCB-1			UCB-2		
	DD	TD	TTD	DD	TD	TTD
30	139 546.43	22 355.83	161 902.27	138 376.67	22 445.37	160 822.03
32	142 695.63	22 931.83	165 627.47	141 316.93	22 980.37	164 297.30
34	144 432.73	23 333.73	167 766.47	142 437.17	23 434.17	165 871.33
36	144 797.33	23 657.03	168 454.37	142 194.20	23 722.40	165 916.60
38	147 575.63	23 915.23	171 490.87	145 129.70	23 856.87	168 986.57
40	150 327.10	24 565.17	174 892.27	148 163.67	24 413.37	172 577.03
最大值	150 327.10	40 106.13	188 521.10	148 163.67	40 129.87	187 756.53
平均值	136 849.05	25 443.21	162 292.26	135 296.57	25 454.81	160 751.38
最小值	126 847.63	22 264.20	150 813.10	125 133.10	22 269.97	149 137.23

进一步描述 UCB-1、UCB-2 策略分货距离、转移距离与行走距离与分货区形状之间的关系，并与 COL 策略、RAN 策略、CBS-1 策略、FUL 策略进行对比，分别如图 4-7（a）、图 4-7（b）、图 4-7（c）所示。从图 4-7 中可以看出：

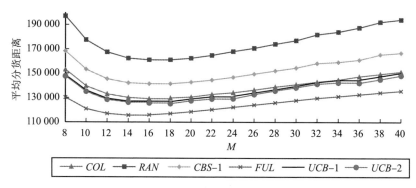

图 4-7（a） 形状参数对分货距离的影响

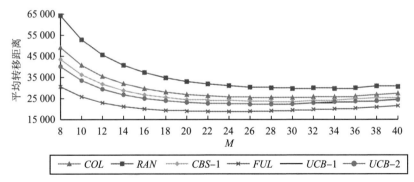

图 4 - 7（b） 形状参数对转移距离的影响

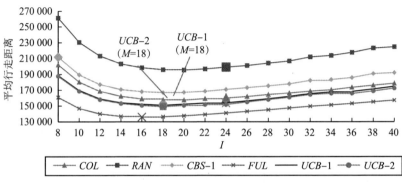

图 4 - 7（c） 形状参数对行走距离的影响

（1）随着形状参数 M 的变化，从分货距离、行走距离来看，从高到低依次为 RAN、CBS - 1、COL、UCB - 1、UCB - 2。从转移距离来看，从高到低依次为 RAN、COL、CBS - 1、UCB - 1、UCB - 2，其中 UCB - 1 和 UCB - 2 的转移距离接近。

（2）分货距离、转移距离、行走距离随着形状参数 M 的变化，呈现出凸函数的形状，先减少后增加。UCB 策略在 $M = 18$ 时的行走距离最短。当货位数量为 ABC - 2 方案时，能获得较高的分货绩效。

表 4 - 12 描述了 $M = 18$ 时 UCB - 1 策略、UCB - 2 策略、CBS - 1 策略、RAN 策略、COL 策略的分货距离、转移距离与行走距离分别超

出 FUL 策略的比例。从表 4 - 12 中可以看出，从总的行走距离看，UCB - 1 策略、UCB - 2 策略分别超出 FUL 策略 10.56%、9.33%，而 CBS - 1 策略、RAN 策略、COL 策略分别为 22.41%、43.64%、15.67%。

表 4 - 12　　　　M =18 时各策略的 DD、TD 与 TTD 超出

FUL 策略的比例（L =380）　　　　单位：%

策略	DD	TD	TTD
RAN	37.73	79.29	43.64
COL	10.89	44.50	15.67
CBS - 1	20.87	31.71	22.41
UCB - 1	8.40	23.58	10.56
UCB - 2	6.93	23.78	9.33

从以上模拟可以看出，UCB 策略能提高订单分货系统的分货绩效，当需求量大的类的货位数量决策相对保守时（ABC - 2），能进一步提高 UCB 策略的分货绩效。

4.3.5　分货绩效改进小结

从以上可以看出，从无信息到部分信息下订单分货系统分货绩效的改进路径为：

（1）无信息时用 COL 策略及其变体代替 RAN 策略将提高订单分货系统的分货绩效，且 COL 策略更易实施；COL 策略变体形式依赖于客户到达规律。

（2）部分信息时用 *UCB* 策略代替 *CBS* 策略将进一步提高订单分货系统的分货绩效，且能取得比无信息时 *COL* 策略更好的效果。

（3）部分信息时实施 *UCB* 策略时，通过子区域货位数量的调整进一步提高订单分货系统的分货绩效，但子区域货位数量决策是个难题。在实践中，需求量大的类的货位数量决策时可相对保守一些，且保守策略能降低决策的难度。

（4）进一步通过分货区形状的调整可提高 *UCB* 策略的分货绩效。不同分货区配置的最优形状可能存在区别，最优分货区形状与货位大小、通道之间的间距等有关。

上述路径给出了不确定性下订单分货系统分货绩效改进的路径，但对如何实施 *UCB* 策略并未给出具体的方法。下面进一步探讨 *UCB* 策略的实施问题。

4.4 改进的基于类的分配策略的实施

类的划分准则、类的边界与类的数量是三个相互关联的决策，货位数量则是对客户在分货区中应该分配多少货位进行决策。上述决策是实施 *UCB* 货位分配策略的关键（对 *CBS* 策略亦如此）。典型地，首先是确定类的划分准则即指标，然后根据类的数量对类的边界进行求解。由于类的边界是一递归问题，实践中可以先求解 2 类时的类的边界，然后实现向 3 类扩展，最终实现 $K-1$ 向 K 类扩展。为此，本节首先引入一种类的划分准则，然后给出货位数量决策的方法，描述如何由 2 类向 K 类扩展，最后结合实际案例进行模拟分析，并进行敏感性分析。

4.4.1　类的划分准则与类的划分

4.2 节、4.3 节主要根据客户的历史平均需求量或分货次数来进行客户类别的划分，在此称之为需求量准则。但是，对需求量或分货次数取平均值会丢失部分信息，即变动性。为此，本节在需求量准则的基础上，提出额外的一个准则即概率值准则。加入概率值准则，不仅考虑了该客户的历史平均需求量必须满足阈值条件，还考虑了该客户的历史平均需求量超过阈值的概率。

下面以实际案例中两个客户为例来解释概率值准则。图 4 - 8（a）、图 4 - 8（b）描述了客户 1、客户 2 在 6 月份的需求量和需求量分布。客户 1、客户 2 的平均需求量都超过了 108 桶，分别为 151.5 桶、113.7 桶。按照需求量准则，客户 1、客户 2 都被划分为 A 类客户。进一步考虑其需求量超过 108 桶的频率。客户 1 共出现了 26 次，其中 24 次超过了 108 桶，其超过 108 桶的频率为 92.31%。客户 2 共出现了 15 次，其中 7 次超过了 108 桶，其超过 108 桶的频率为 46.67%。若 A 类客户还必须满足超过 108 桶的概率大于 0.5，则此时客户 1 仍为 A 类，客户 2 则被分为了 B 类（在样本足够的前提下，频率近似于概率）。

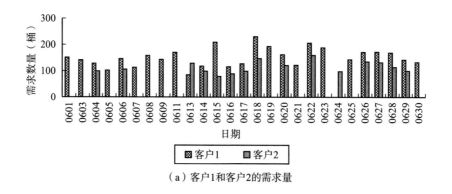

（a）客户1和客户2的需求量

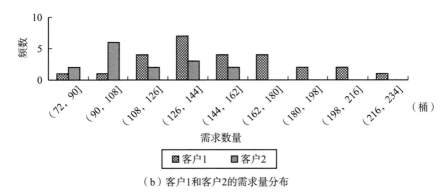

（b）客户1和客户2的需求量分布

图 4 – 8　客户 1 和客户 2 的需求量和需求分布

令 $\bar{D}_i$ 为客户 i 样本期 T 的平均需求量，则：

$$\bar{D}_i = \sum_{t=1}^{T} D_i^t \bigg/ \sum_{t=1}^{T} x_i^t \tag{4-4}$$

其中，D_i^t 表示客户 i 在第 t 天的需求量。

$$x_i^t = \begin{cases} 1, & \text{客户 } i \text{ 在第 } t \text{ 天出现} \\ 0, & \text{否则} \end{cases}$$

假设将客户分为 K 类，$k = 1$，2，$\cdots$，K。k 越小，客户类别越高，$k = 1$ 时，为 A 类客户，$k = 2$ 时，为 B 类客户，以此类推。设 l_k 为第 k 个类别的平均需求量阈值，$l_k = l_1$，l_2，$\cdots$，l_K，$l_K = 0$。下面定义概率值准则，令 $Prob\{D_i^t > l_k\}$ 表示客户 i 样本期 T 日需求量超过第 k 个类别的平均需求量阈值的概率，则：

$$Prob\{D_i^t > l_k\} = \sum_{t=1}^{T} y_i^t \bigg/ \sum_{t=1}^{T} x_i^t \tag{4-5}$$

其中：

$$y_i^t = \begin{cases} 1, & \text{若 } D_i^t > l_k \\ 0, & \text{否则} \end{cases}$$

令 θ_k 为第 k 个类别的概率值指标的阈值，$\theta_k = \theta_1$，θ_2，$\cdots$，θ_K，

$\theta_K = 1$。则将概率值纳入类的划分准则后，则客户 i 需要同时满足以下两式，才能划分在第 k 类：

$$\bar{D}_i > l_k \qquad\qquad (4-6)$$

$$Prob\{D_i^t > l_k\} \geq \theta_k \qquad\qquad (4-7)$$

基于样本期 T 内的客户需求历史，在纳入概率值准则后，将样本期 T 内出现的所有客户定义为集合 S，则将所有客户划分为 K 类的流程如下：

（1）$k = 1$ 时需求量阈值和概率阈值分别为 l_1 和 θ_1，则凡同时满足式 $\bar{D}_i > l_1$ 和 $Prob\{D_i^t > l_1\} \geq \theta_1$ 客户为 A 类客户，得集合 s_1，即 A 类客户集合。

（2）对于集合 $S - s_1$ 内的客户，凡同时满足式 $\bar{D}_i > l_2$ 和 $Prob\{D_i^t > l_2\} \geq \theta_2$ 客户为 B 类客户，得集合 s_2，即 B 类客户集合。

（3）对于集合 $S - s_1 - s_2$ 内的客户，凡同时满足式 $\bar{D}_i > l_3$ 和 $Prob\{D_i^t > l_3\} \geq \theta_3$ 客户为 C 类客户，得集合 s_3，即 C 类客户集合。

（4）以此类推，最终将客户划为 K 个类别。第 K 个类别属于集合 s_K，此时有 $l_K = 0$、$\theta_K = 1$。

对于模拟期的少量客户，可能在样本期 T 内从未出现，此时，一律将该类客户划分为第 K 个类别。

根据豪斯曼等（1976）与卡朗等（1998）等研究，当客户类别数量不变时，若 ABC 曲线的倾斜度越大，则 CBS 策略能产生更高的绩效。因此，在纳入概率值准则后，得到的新的 ABC 曲线的倾斜度肯定不低于仅考虑需求量时 ABC 曲线的倾斜度，由此将导致分货绩效的提高。下面证明同时考虑需求量准则与概率准则下的 UCB 策略的分货绩效将高于仅考虑需求量准则时的分货绩效。

定理 12：同时考虑需求量准则与概率值准则下的 UCB 策略的分

货绩效将高于仅考虑需求量准则时的分货绩效。

证明：不失一般性，仅考虑有 A、B 两类客户时的情形。将所有货位看成呈直线排列。I/O 点在 0 位置，每个客户仅分配一个货位，不考虑再分货情形。样本期 T 内共有 M 个客户，分货区中共有 N 个货位。分货员每次分货只将一个单位的 SKU 放置在客户的货位上。一天内一个客户产生的分货距离等于从出入库口到其货位的距离乘以总的分货次数。

当根据客户的平均需求量来划分客户时，称为分类 1，如图 4 - 9 所示。假设 A 类的平均需求量阈值是 l。平均需求量大于阈值 l 的客户为 A 类，占据前 n 个货位。客户 k 被分在 A 类，随机分配在位置 1 和位置 n 之间，用位置 u 表示（$1 \leqslant u \leqslant n$）。客户 k 的需求量低于阈值 l 的天数有 L，在 L 天内的平均需求量为 $w_L (w_L \leqslant l)$。客户 k 的需求量高于阈值 l 的天数有 H，在 H 天内的平均需求量为 $w_H (w_H > l)$。因此，总的行走距离可以表示为：

$$D_{-k} + L \times w_L \times u + H \times w_H \times u \qquad (4-8)$$

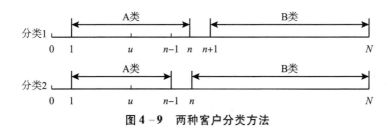

图 4 - 9　两种客户分类方法

其中，D_{-k} 表示除了客户 k 之外的客户产生的行走距离。

当根据客户的平均需求量和日购买量大于类别阈值的概率来划分客户时，称为分类 2，如图 4 - 9 所示。此时，客户 k 从 A 类中剔除，被分在 B 类，并分配在位置 n 上。这样，前 $n-1$ 个货位属于 A 类客户。此时，在分类 1 中被分配在货位 $u+1$ 至货位 n 之间的客户都将向前移动一个货位，重新分配在货位 u 至货位 $n-1$ 之间。此时，总的行走距离可以表示为：

$$D_{-k} + L \times w_L \times n + H \times w_H \times n - (H+L) \sum_{i=u+1}^{n} w_i \quad (4-9)$$

其中，w_i 表示在分类 1 中货位 i 上客户的平均需求量。

对比分类 1 和分类 2 的绩效，若分类 2 优于分类 1，则必须满足下式：

$$D_{-k} + L \times w_L \times u + H \times w_H \times u - [D_{-k} + L \times w_L \times n + H \times w_H \times n$$
$$- (H+L) \sum_{i=u+1}^{n} w_i] \geqslant 0 \quad (4-10)$$

令 $\sum_{i=u+1}^{n} w_i = w$，则 $L \times w_L \times (u-n) + H \times w_H \times (u-n) \geqslant -(H+L)w$。令 $P_L = L/(H+L)$，$P_H = H/(H+L)$，有 $P_L \times w_L + P_H \times w_H \leqslant w/(n-u)$。又因 $P_L = 1 - P_H$，有：

$$P_H \leqslant [w/(n-u) - w_L]/(w_H - w_L) \quad (4-11)$$

其中，$w/(n-u)$ 表示分类 1 中分配在货位 $u+1$ 至货位 n 之间客户的平均需求量。显然，$w/(n-u) > w_L$。因此，当客户 k 有较多天数的需求量低于阈值 l 时，将其分配在货位 n 上的绩效优于货位 u。由此得证。

因此，在纳入概率值指标后，将提升 UCB 策略（包括 CBS 策略）的分货绩效。

4.4.2 货位数量

根据前面的分析，分货区中各子区域的货位数量过多或过少都将降低订单分货系统的分货绩效。事实上，分货区中各子区域的货位数量由出现在该子区域对应类的客户数所决定。尽管在分货前无法知道各类客户的确切数量，但基于需求历史，第 k 类客户出现的期望数量 $E(n(s_k))$ 可由下式近似估计：

$$E[n(s_k)] = \frac{\sum_{m=1}^{M} x_m^1 z_m^k + \cdots + \sum_{m=1}^{M} x_m^t z_m^k + \cdots + \sum_{m=1}^{M} x_m^T z_m^k}{T}$$

$$= \frac{\sum_{t=1}^{T} \sum_{m=1}^{M} x_m^t z_m^k}{T} \qquad (4-12)$$

其中：

$$z_m^k = \begin{cases} 1, & 若客户 m 划分为第 k 个类别 \\ 0, & 否则 \end{cases}$$

$\sum_{m=1}^{M} x_m^t z_m^k$ 为第 t 天第 k 类客户出现的人数，$\sum_{t=1}^{T} \sum_{m=1}^{M} x_m^t z_m^k$ 则为样本期 T 内第 k 类客户总共出现的人数。由于在各子区域采用最近空位分配方法，仅前 $K-1$ 类别需估计出现的客户数，这也是 UCB 策略与 CBS 策略相比的优势之一。

令 δ_k 是子区域货位数量的决策系数，有很多因素影响决策系统 δ_k 的大小，比如仓库管理者的决策偏好，客户的到达过程和需求量的变化性等。则货位数量决策可表示为：

$$\delta_k E(n(s_k)) \quad k = 1, \cdots, K-1 \qquad (4-13)$$

当 $\delta_k = 1$ 时，意味着以第 k 类客户出现的期望数量作为货位数量决策。由于货位数量为整数，在实践中也可以估计前 k 类客户的出现数量，即：

$$E(n(s_1 \cup s_2 \cup \cdots \cup s_k)) = \frac{\sum_{i=1}^{k} \sum_{t=1}^{T} \sum_{m=1}^{M} x_m^t z_m^i}{T} \qquad (4-14)$$

4.4.3　由2类向 K 类扩展

根据4.4.1小节、4.4.2小节的分析，可以将 UCB 策略的实施决策简单地用公式（4－15）来表示：

$$\{K; ((l_1, \theta_1), \cdots, (l_K, \theta_K)); (\delta_1 E[n(s_1)], \cdots, \delta_{K-1} E[n(s_{K-1})])\}$$

$$(4-15)$$

其中：

K 为客户类别数量的决策。

$((l_1, \theta_1), \cdots, (l_K, \theta_K))$ 为客户分类的决策，有 $l_1 > l_2 > \cdots > l_{K-1}$，$l_K = 0$，$\theta_K = 1$。

$(\delta_1 E[n(s_1)], \cdots, \delta_{K-1} E[n(s_{K-1})])$ 为货位数量决策。

当 $K=1$ 时，所有客户为一个类别，此时 UCB 策略等价于 COL 策略。根据前面的分析，很容易将客户集 S 划分为两个子集，然后拓展到三个子集，最终拓展到 K 个子集。已知将客户划分为 $(K-1)$ 个类别时，最优参数决策为 $(l_1^*, \theta_1^*), \cdots, (l_{K-2}^*, \theta_{K-2}^*), (l_{K-1}^* = 0, \theta_{K-1}^* = 1)$，则将客户划分为 K 个类别的启发式算法如下：

步骤1：对于 $(K-1)$ 个类别的所有子集 $s_1, s_2, \cdots, s_{K-1}$，重复步骤2至步骤7。

步骤2：在子集 s_k 中查找可能的平均需求量阈值 l_k，将其划分为两个集合，得到 $l_1, \cdots, l_K, l_K = 0$。

步骤3：给出客户类别 $k = 1, \cdots, K$ 所有可能的概率阈值 θ_k，$\theta_K = 1$，重复步骤4至步骤5。

步骤4：从第1类开始，根据公式（4－6）和公式（4－7）将客

户划分为 K 类。

步骤 5：从第 1 类开始，根据公式（4-12）决策每个类别的货位数量。

步骤 6：对于所有可能的概率阈值 θ_k，查找最优的概率阈值 θ_k^*。给定 l_k，最优的客户分类参数为 (l_1, θ_1^*)，…，$(l_{K-1}, \theta_{K-1}^*)$，$(l_K = 0, \theta_K^* = 1)$。

步骤 7：对于所有可能的概率阈值 l_k，查找最优的概率阈值 l_k^*。最优的客户分类参数为 (l_1^*, θ_1^*)，…，$(l_{K-1}^*, \theta_{K-1}^*)$，$(l_K = 0, \theta_K^* = 1)$。

步骤 8：对于 $(K-1)$ 个类别的所有子集，查找出 K 个类别最优的客户分类参数 (l_1^*, θ_1^*)，…，$(l_{K-1}^*, \theta_{K-1}^*)$，$(l_K = 0, \theta_K^* = 1)$。

图 4-10 举例说明了将客户从两类到四类的划分过程。图 4-10 中实线表示每个类别的划分界限，图 4-10 中有虚线时则表示该划分结果考虑了概率指标。图 4-10（a）描述了将客户划分为两类时，从仅考虑平均购买量指标到又考虑概率指标的过程，最优客户分类参数为 $((l_1^* = 54, \theta_1^* = 0.5), (l_2^* = 0, \theta_2^* = 1))^*$。基于仅考虑平均购买量的两个类别的划分结果，将客户划分为 3 类。首先，在 A 类集合 $(54, \infty)$ 中选择平均购买量阈值 l_k 将其划分为两个集合，对于任意的 l_k，查找最优的 θ_k，如图 4-10（b）所示，此时三类的最优客户划分参数为 $((l_1^* = 126, \theta_1^* = 0.5), (l_2^* = 54, \theta_2^* = 0.5), (l_3^* = 0, \theta_3^* = 1))^*$。其次，在 A 类集合 $(0, 54]$ 中选择平均购买量阈值 l_k 将其划分为两个集合，对于任意的 l_k，查找最优的 θ_k，如图 4-10（c）所示，此时三类的最优客户划分参数为 $((l_1^* = 54, \theta_1^* = 0.5), (l_2^* = 36, \theta_2^* = 0.5), (l_3^* = 0, \theta_3^* = 1))^*$。最后，三类的最优客户划分参数为 $((l_1^* = 126, \theta_1^* = 0.5), (l_2^* = 54, \theta_2^* = 0.5), (l_3^* = 0, \theta_3^* = 1))^*$。同样，根据三类的最优划分结果，将客户划分为四类，如图

4 - 10 （d），图 4 - 10 （e），图 4 - 10 （f） 所示。

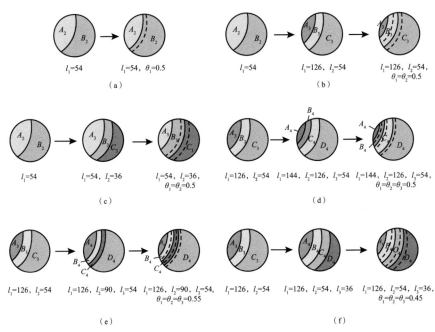

图 4 - 10　客户划分由两类至四类的过程

4.4.4　模拟结果及分析

同样选择该拍卖市场 4 ～6 月共 88 个交易日的实际交易数据作为样本数据，7 月 2 ～31 日近 30 个交易日的交易数据作为模拟数据。由于前面的模拟结果显示，当分货区形状参数 $M = 18$ 时，UCB 策略、CBS 策略的行走距离最短。为此，本模拟仅考虑 $M = 18$ 时的模拟结果，用于对比分货绩效是否得到改进，绩效基准仍以 $M = 18$ 分货区形状下的 FUL 策略的行走距离。

为简单化，令概率阈值相等 $\theta_1 = \theta_2 = \cdots = \theta_{K-1}$，采用目标逐步逼近法，对于给定的平均需求量阈值，概率阈值在区间 $[0.25，0.80]$

内，以 0.05 为步长，搜索近似最优解。在找到近似最优解后，缩小搜索区间，同时缩短步长为 0.01，继续搜索。搜索过程如图 4 – 11 所示。同样地，货位数量决策系数 $\delta_k = 1$，货位数量根据公式（4 – 12）计算得到。关于 θ_k、δ_k 的敏感性分析见 4.4.5 小节。

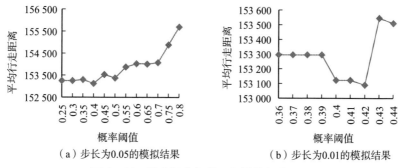

（a）步长为0.05的模拟结果　　　　　（b）步长为0.01的模拟结果

图 4 – 11　搜索概率阈值近似最优解的过程

　　首先分析将客户划分为两类时的情形。表 4 – 13 给出了不考虑/考虑概率值准则的模拟结果。不考虑概率值准则时，由于 72 桶时出现了凹点，为此不再向前/向后进行过多探测，即仅考虑平均需求量阈值为 90、72、54、36 时的情形。从表 4 – 13 可以看出，在纳入了概率值准则后的分货绩效优于仅考虑需求量时的情形。将客户划分为两类时的最优分类是（$(l_1^* = 54$，$\theta_1^* = 0.52)$，$(l_2^* = 0$，$\theta_2^* = 1)$）*，此时 UCB 策略的行走距离超出 FUL 策略的比例为 9.204%。

表 4 – 13　　　　　两类的模拟结果（$M = 18$，$N = 11$，$L = 380$）

(l_k, θ_k)	$\delta_k E[n(s_k)]$	超出比例（%）
$((90, 0), (0, 1))$	(74)	12.341
$((72, 0), (0, 1))$	(116)	9.997
$((54, 0), (0, 1))$	(150)	10.174

续表

(l_k, θ_k)	$\delta_k E[n(s_k)]$	超出比例(%)
$((36, 0), (0, 1))$	(229)	12.195
$((90, 0.42^*), (0, 1^*))$	(72)	12.226
$((72, 0.33^*), (0, 1^*))$	(116)	9.996
$((54^*, 0.52^*), (0^*, 1^*))^*$	(137)	9.204
$((36, 0.74^*), (0, 1^*))$	(144)	9.610

其次，将客户分类由两类向三类扩展。由于将客户划分为两类的最优平均需求量阈值是54，则分别将：（1）在大于54桶即在（54，∞）的范围进行新的切分，包括162、144、126、108、90、72桶；（2）在不大于54桶（0，54]的范围进行新的切分，仅有36、18桶两种切分。在大于54桶的切分中，凹点为（$(l_1^* = 126, \theta_1^* = 0.52)$，$(l_2^* = 54, \theta_2^* = 0.52)$，$(l_3^* = 0, \theta_3^* = 1))^*$。而在小于54桶的切分中，（$(l_1^* = 54, \theta_1^* = 0.55)$，$(l_2^* = 18, \theta_2^* = 0.55)$，$(l_3^* = 0, \theta_3^* = 1))^*$。比较上述两类切分，得较优的切分（$(l_1^* = 126, \theta_1^* = 0.52)$，$(l_2^* = 54, \theta_2^* = 0.52)$，$(l_3^* = 0, \theta_3^* = 1))^*$，此时 UCB 策略的行走距离超出 FUL 策略的比例为8.926%，如表4-14所示。

表4-14　　　　三类的模拟结果 （$M = 18$，$N = 11$，$L = 380$）

(l_k, θ_k)	$\delta_k E[n(s_k)]$	超出比例(%)
$((162, 0.52^*), (54, 0.52^*), (0, 1^*))$	(5, 132)	9.028
$((144, 0.52^*), (54, 0.52^*), (0, 1^*))$	(9, 127)	8.928
$((126^*, 0.52^*), (54^*, 0.52^*), (0^*, 1^*))^*$	(15, 121)	8.926
$((108, 0.51^*), (54, 0.51^*), (0, 1^*))$	(37, 100)	9.190
$((90, 0.51^*), (54, 0.51^*), (0, 1^*))$	(59, 78)	9.923

(l_k, θ_k)	$\delta_k E[n(s_k)]$	超出比例(%)
$((72, 0.47^*), (54, 0.47^*), (0, 1^*))$	$(107, 35)$	9.414
$((54, 0.60^*), (36, 0.60^*), (0, 1^*))$	$(122, 52)$	9.797
$((54, 0.55^*), (18, 0.55^*), (0, 1^*))$	$(132, 163)$	9.056

进一步,将客户分类由三类向四类扩展。在三类时最优平均需求量阈值是 126 和 54,此时必须分别在 $(126, \infty)$、$(54, 126]$、$(0, 54]$ 三个区间进行切分。在 $(126, \infty)$ 区间,$((l_1^* = 180, \theta_1^* = 0.52)$,$(l_2^* = 126, \theta_2^* = 0.52)$,$(l_3^* = 54, \theta_3^* = 0.52)$,$(l_4^* = 0, \theta_4^* = 1))^*$ 最优且为凹点。在 $(54, 126]$ 区间,$((l_1^* = 126, \theta_1^* = 0.51)$,$(l_2^* = 108, \theta_2^* = 0.51)$,$(l_3^* = 54, \theta_3^* = 0.51)$,$(l_4^* = 0, \theta_4^* = 1))^*$ 最优。在 $(0, 54]$ 区间,$((l_1^* = 126, \theta_1^* = 0.55)$,$(l_2^* = 54, \theta_2^* = 0.55)$,$(l_3^* = 18, \theta_3^* = 0.55)$,$(l_4^* = 0, \theta_4^* = 1))^*$ 最优。比较上述三种切分,得较优切分为 $((l_1^* = 126, \theta_1^* = 0.55)$,$(l_2^* = 54, \theta_2^* = 0.55)$,$(l_3^* = 18, \theta_3^* = 0.55)$,$(l_4^* = 0, \theta_4^* = 1))^*$,此时 UCB 策略的行走距离超出 FUL 策略的比例为 8.801%,如表 4-15 所示。

表 4-15　　　　四类的模拟结果 ($M = 18$, $N = 11$, $L = 380$)

(l_k, θ_k)	$\delta_k E[n(s_k)]$	超出比例(%)
$((198, 0.52^*), (126, 0.52^*),$ $(54, 0.52^*), (0, 1^*))$	$(2, 13, 121)$	8.914
$((180, 0.52^*), (126, 0.52^*),$ $(54, 0.52^*), (0, 1^*))$	$(4, 11, 121)$	8.901
$((162, 0.52^*), (126, 0.52^*),$ $(54, 0.52^*), (0, 1^*))$	$(5, 10, 121)$	8.908

(l_k, θ_k)	$\delta_k E[n(s_k)]$	超出比例(%)
$((144, 0.52^*), (126, 0.52^*),$ $(54, 0.52^*), (0, 1^*))$	$(9, 6, 121)$	8.919
$((126, 0.51^*), (108, 0.51^*),$ $(54, 0.51^*), (0, 1^*))$	$(20, 17, 100)$	9.132
$((126, 0.52^*), (90, 0.52^*),$ $(54, 0.52^*), (0, 1^*))$	$(15, 42, 78)$	9.856
$((126, 0.46^*), (72, 0.46^*),$ $(54, 0.46^*), (0, 1^*))$	$(25, 83, 34)$	9.390
$((126, 0.68^*), (54, 0.68^*),$ $(36, 0.68^*), (0, 1^*))$	$(5, 104, 45)$	9.548
$((126^*, 0.55^*), (54^*, 0.55^*),$ $(18^*, 0.55^*), (0^*, 1^*))^*$	$(14, 118, 163)$	8.801

同样地，将客户分类由四类向五类扩展，得客户划分为五类时的最优分类是 $((l_1^* = 180, \theta_1^* = 0.55), (l_2^* = 126, \theta_2^* = 0.55),$ $(l_3^* = 54, \theta_3^* = 0.55), (l_4^* = 18, \theta_4^* = 0.55), (l_5^* = 0, \theta_5^* = 1))^*$，此时 UCB 策略的行走距离超出 FUL 策略的比例为 8.781%，如表 4-16 所示。

表 4-16　　　　　　　　　　五类的模拟结果

(l_k, θ_k)	$\delta_k E[n(s_k)]$	超出比例(%)
$((198, 0.55^*), (126, 0.55^*), (54, 0.55^*),$ $(18, 0.55^*), (0, 1^*))$	$(2, 12, 118, 163)$	8.791
$((180^*, 0.55^*), (126^*, 0.55^*), (54^*, 0.55^*),$ $(18^*, 0.55^*), (0^*, 1^*))^*$	$(4, 10, 118, 163)$	8.781

(l_k, θ_k)	$\delta_k E[n(s_k)]$	超出比例(%)
$((162, 0.55^*), (126, 0.55^*), (54, 0.55^*),$ $(18, 0.55^*), (0, 1^*))$	(5, 9, 118, 163)	8.788
$((144, 0.55^*), (126, 0.55^*), (54, 0.55^*),$ $(18, 0.55^*), (0, 1^*))$	(6, 8, 118, 163)	8.790
$((126, 0.55^*), (108, 0.55^*), (54, 0.55^*),$ $(18, 0.55^*), (0, 1^*))$	(14, 18, 99, 163)	8.948
$((126, 0.60^*), (90, 0.60^*), (54, 0.60^*),$ $(18, 0.60^*), (0, 1^*))$	(12, 32, 77, 167)	9.778
$((126, 0.46^*), (72, 0.46^*), (54, 0.46^*),$ $(18, 0.46^*), (0, 1^*))$	(25, 83, 34, 163)	9.335
$((126, 0.58^*), (54, 0.58^*), (36, 0.58^*),$ $(18, 0.58^*), (0, 1^*))$	(12, 112, 56, 111)	9.769

可以看出，随着类别数量的增加，UCB 策略的行走距离超出 FUL 策略的比例在不断下降，分货绩效在提升，但是类别数量较多时，分货绩效的提升逐渐趋于平缓。

进一步将模拟结果和改进的基于类的分配策略（UCB - 1，UCB - 2）绩效对比，如表 4 - 17 所示。在根据平均需求量划分客户的情形下，UCB - 1 给 A 类和 B 类区域分配货位数量分别为 48 和 96，行走距离超出 FUL 策略的比例为 10.561%；UCB - 2 给 A 类和 B 类区域分配货位数量分别为 36 和 108，行走距离超出 FUL 策略的比例为 9.330%。而根据公式（4 - 12）计算得出 A 类和 B 类区域的货位数量分别为 44 和 105，行走距离超出 FUL 策略的比例为 10.108%。然而，在考虑概率值准则后，根据公式（4 - 12）计算得出 A 类和 B 类区域货位数量分别为 37 和 100，和 UCB - 2 策略接近，且行走距离超

出 FUL 策略的比例最低，为 9.189%。从另一个侧面证实 $UCB-2$ 分货绩效提升的主要原因是子区域货位数量的分配。

表 4 – 17 改进的基于类的分配绩效的对比

策略	(l_k, θ_k)	$\delta_k E[n(s_k)]$	超出比例(%)
UCB 实施策略	$((108, 0.51^*), (54, 0.51^*), (0, 1^*))$	$(37, 100)$	9.190
$UCB-1$	$((108, 0), (54, 0), (0, 1))$	$(48, 96)^\#$	10.561
$UCB-2$	$((108, 0), (54, 0), (0, 1))$	$(36, 108)^\#$	9.330
	$((108, 0), (54, 0), (0, 1))$	$(44, 105)$	10.108

\#：货位数量决策采用 trial and error 得到。

4.4.5 敏感性分析

本部分分析 UCB 策略中参数值变化对分货绩效的影响。首先，分析当划分每个类别的概率阈值 θ_k 不相等时，分货绩效如何变化。其次，分析当子区域货位数量决策系统 δ_k 不等于 1 时，分货绩效如何变化。为简单化，以客户划分为三类（A、B、C）的情况为例，进行敏感性分析。

4.4.5.1 概率阈值不相等对分货绩效的影响

4.4.4 小节中的模拟假设划分每个类别的概率阈值相等，模拟得到客户分为三类时的最优划分是 $((l_1^* = 126, \theta_1^* = 0.52), (l_2^* = 54, \theta_2^* = 0.52), (l_3^* = 0, \theta_3^* = 1))^*$。基于最优客户分类，分析当划分 A 类（$\theta_1$）和 B 类（$\theta_2$）的概率阈值不相等时，分货绩效的变化情况。子区域货位数量决策系数 δ_k 仍为 1。θ_1 保持不变，θ_2 以 0.05 为间隔逐步递减。参数设置包括三种情形，有 $\theta_1 > \theta_2$，$\theta_1 = \theta_2$，$\theta_1 < \theta_2$。

模拟结果如表 4 - 18 所示。可以看出，当 $\theta_1 = \theta_2 = 0.52$ 时，所产生的行走距离最短，超出吞吐量分配的比例最小。对表 4 - 14 中的其他客户分类方法进行同样地模拟分析，都可以得到当 θ_1 和 θ_2 相等时的绩效最好，说明将概率阈值设为相等是可行的。当 $\theta_1 < \theta_2$ 时，随着 θ_2 的增加，分货绩效的提升在不断降低。当 θ_1 或 θ_2 取 0.52 时，都能得到最好的分货绩效，在表 4 - 18 中用方框标出。

表 4 - 18   概率阈值不相等时的分货绩效

θ_1	θ_2	$\delta_k E[n(s_k)]$	超出比例（%）	θ_1	θ_2	$\delta_k E[n(s_k)]$	超出比例（%）
0.67	0.82	(5, 70)	11.808	0.62	0.77	(9, 82)	11.756
	0.77	(5, 86)	11.716		0.72	(9, 94)	10.856
	0.72	(5, 97)	10.796		0.67	(9, 102)	10.291
	0.67	(5, 106)	10.089		0.62	(9, 111)	10.249
	0.62	(5, 115)	10.069		0.57	(9, 117)	9.706
	0.57	(5, 121)	9.538		0.52	(9, 127)	9.189
	0.52	(5, 131)	9.042		0.47	(9, 133)	9.318
	0.47	(5, 136)	9.187		0.42	(9, 138)	9.738
	0.42	(5, 142)	9.574		0.37	(9, 140)	9.951
	0.37	(5, 143)	9.653		0.32	(9, 141)	10.116
0.57	0.72	(13, 90)	11.009	0.52	0.67	(15, 97)	10.163
	0.67	(13, 98)	10.332		0.62	(15, 105)	9.993
	0.62	(13, 107)	10.274		0.57	(15, 111)	9.446
	0.57	(13, 113)	9.725		0.52	(15, 121)	8.926
	0.52	(13, 123)	9.178		0.47	(15, 127)	9.024
	0.47	(13, 129)	9.287		0.42	(15, 132)	9.421
	0.42	(13, 134)	9.747		0.37	(15, 134)	9.635
	0.37	(13, 136)	9.960		0.32	(15, 135)	9.818

θ_1	θ_2	$\delta_k E[\,n(s_k)\,]$	超出比例 （%）	θ_1	θ_2	$\delta_k E[\,n(s_k)\,]$	超出比例 （%）
0.47	0.67	(25, 87)	10.465	0.42	0.67	(29, 83)	10.607
	0.62	(25, 95)	10.350		0.62	(29, 91)	10.507
	0.57	(25, 102)	9.661		0.57	(29, 98)	9.807
	0.52	(25, 111)	9.209		0.52	(29, 107)	9.293
	0.47	(25, 117)	9.273		0.47	(29, 113)	9.356
	0.42	(25, 122)	9.590		0.42	(29, 118)	9.693
	0.37	(25, 124)	9.803		0.37	(29, 120)	9.914

4.4.5.2　货位数量决策系数对分货绩效的影响

货位数量决策系数有可能大于 1、等于 1 或小于 1，主要受仓库管理者的决策偏好影响。在 4.4.4 小节的模拟中决策系数 δ_k 设为 1，即子区域货位数量等于该类别的期望出现人数。决策系数大于 1 时表示子区域货位数量大于该类别的期望出现人数，而决策系数小于 1 时表示子区域货位数量小于该类别的期望出现人数。选择客户分为三类时的最优划分（（$l_1^* = 126$，$\theta_1^* = 0.52$），（$l_2^* = 54$，$\theta_2^* = 0.52$），（$l_3^* = 0$，$\theta_3^* = 1$））*，将决策系数 δ_k 设为 0.8、0.85、0.9、0.95、1、1.05、1.1、1.15，分别给 A 类和 B 类区域分配货位数量，模拟分析不同货位数量决策系数下的分货绩效。

模拟结果如表 4 – 19 所示。发现行走距离是关于决策系数 δ_k 的凸函数（convex），在决策系数 δ_k 等于 1 时行走距离最短，超出吞吐量分配的比例最小。说明给子区域分配的货位数量等于其期望出现人数是一种近似最优的方法，主要原因是：样本期共有 88 天，样本数据足够大，能够较准确地估计每个类别的出现人数。货位数量分配较多时，导致该类别区域内出现较多的空位，而货位数量分配较少时，导致该类别内的有些客户没有存储位置，只能分配在下一个类别区域中。因此，过多或过少的分配货位数量，都会降低分货绩效。

表 4 – 19 　　　子区域存储块数量的决策系数对分货绩效的影响

δ_k	$\delta_k E[n(s_k)]$	超出比例（%）	δ_k	$\delta_k E[n(s_k)]$	超出比例（%）
0.80	(12, 97)	10.868	1.00	(15, 121)	8.926
0.85	(13, 103)	10.614	1.05	(16, 127)	9.380
0.90	(14, 109)	10.026	1.10	(17, 133)	10.870
0.95	(14, 115)	9.058	1.15	(17, 139)	12.056

4.4.6　改进的基于类的分配策略实施小结

从以上可以看出，UCB 策略的实施是一复杂的决策问题。在实践中，可对 UCB 策略的实施进行简化处理：

（1）客户分类准则加入概率值准则后因加大了 ABC 曲线的倾斜度，进而提高了 UCB 策略的分货绩效。但是确定合适的概率值阈值是非常困难的，在样本数足够多的情况下，概率值阈值为 50% 即可去除大部分需求率变化较大的客户，且能提高 UCB 策略的分货绩效。

（2）随着客户类别数的增加，UCB 策略分货绩效改进的幅度变得越来越小。因此在实施 UCB 策略时没有必要通过无限度增加客户类别数来改进分货绩效，简单地 3 ~ 6 个客户类别即可，这样既可以达到较优的分货绩效，也将使得 UCB 策略更易实施。

（3）在不确定性下，各子区域的货位数量决策由对应类期望出现的客户数量所决定。各子区域太多/太少的货位数量将影响订单分货系统的分货绩效，使用各类期望出现的客户数量作为各子区域货位数量的决策将接近各子区域最优货位数量所产生的分货绩效。

（4）上述三条原则将使 UCB 策略的实施变得更为简单，也将取得优于 COL 策略的分货绩效。但是，要彻底解决不确定性给订单分货系统带来的问题，必须创新性地提出新的解决方案。

4.5　本 章 小 结

本章将无信息时的订单分货系统逐渐演变为部分信息下的订单分货系统。基于历史数据，可以将客户划分为不同的类，进而实施基于类的货位分配（CBS）策略。并基于第 3 章的研究结论，提出改进的基于类的货位分配（UCB）策略。本章比较了 CBS 策略、UCB 策略与 RAN 策略、COL 策略的分货绩效，并结合同一案例进行模拟仿真，得出以下基本结论：

第一，由于需求量大的客户类对应的货位子区域更靠近分货区 I/O 点，理论推导和实证的结果均表明 CBS 策略的分货绩效优于 RAN 策略。受客户到达的不确定性影响，理论上无法证明 CBS 策略优于 COL 策略，实证结果也表明 CBS 策略的分货绩效远低于 COL 策略。由此可见，不确定性下 CBS 策略的分货绩效不一定优于 COL 策略，该结论与现有文献的相关结论存在明显区别。

第二，UCB 策略下各子区域的货位数量决策变得更为简单，很易让前 $K-1$ 类的 $LTPR$ 小于 1，并且理论上可以证明此时 UCB 策略将优于 COL 策略。而实证的模拟结果表明，即使采用与 CBS 策略相同的货位数量决策，UCB 策略也优于 COL 策略。当前 $K-1$ 类的货位数量决策相对保守时（并非越保守越好），UCB 策略绩效将提高。

第三，在客户需求量准则的基础上，进一步提出纳入概率值准则，并提出以各类客户的期望数量来进行货位数量决策。概率值准则部分考虑了客户需求的变动性，使得 ABC 曲线的倾斜度变大，进而提高分货绩效。太多太少的货位数量决策将影响 UCB 策略的分货绩效，而各类客户的期望数量使货位数量决策变得清晰简单。实证结果表明，概率值准则能提高 UCB 策略的分货绩效，而以各类客户的期望数量作为货位数量决策相对更优。

第四，在客户分类准则、货位数量决策的基础上，提出了实施 UCB 策略的决策模型，并提出一套启发式算法，实现客户分类由 2 类向 K 类扩展。实证模拟的结果表明，该算法是有效的，所得到的分货绩效也不断逼近 FUL 策略的分货绩效。但当客户类别不断增加时，分货绩效上升幅度也在变小，将客户类别控制在一定范围内即 $3 \sim 6$ 类时，即能取得较优的分货绩效，也相对容易实施，这与现有文献研究结论基本一致。

第五，采用探测法（trial and error），通过实际案例对 UCB 策略进行模拟，具体结果为：当形状参数 $M = 18$ 时，RAN 策略、COL 策略、$CBS - 1$ 策略、$UCB - 1$ 策略、$UCB - 2$ 策略分别超出 FUL 策略 43.64%、15.67%、22.41%、10.56%、9.33%。UCB 策略取得了超过 COL 策略的分货绩效，通过对各子区域货位数量的进一步调整，可进一步提高订单分货系统的分货绩效（即 $UCB - 2$ 策略）。

第六，采用提出的类的划分准则与方法、货位数量决策、类别数量等 UCB 策略的实施方法，通过实际案例进行模拟，具体结果为：当形状参数 $M = 18$ 时，客户类别被划分为 2 类、3 类、4 类、5 类时，UCB 策略分别超出 FUL 策略 9.204%、8.926%、8.801%、8.781%。尽管上述模拟结果表明分货绩效得到了持续改进，但同 $UCB - 2$ 策略相比，可以看出改进的幅度很小。因此，*UCB* 策略的实施方法的价值在于规范了 *UCB* 策略的决策过程，提高超过 *UCB* 策略的决策效率，实践中可根据其实施方法进行简单快速决策。若要进一步改进不确定性下订单分货系统的分货绩效，其关键在于能否将部分信息向完全信息逼近。

第5章

基于需求预测的货位分配
与再分货策略

5.1 引 言

本章继续将不确定性下的货位分配问题由部分信息向完全信息逼近，然后放开假设 H1，研究不确定下订单分货系统的再分货策略。第4章利用历史统计信息将不确定性下的订单分货问题演变为部分信息下的订单分货问题。通过历史统计信息将客户划分为几个类，为实施基于类的分配策略及其改进策略提供了可能。由于客户到达的不确定性，第4章创新性地提出改进的基于类的货位分配策略即 *UCB* 策略。通过理论推导和案例模拟发现，*UCB* 策略将取得超出 *COL* 策略的分货绩效。由此可见，历史统计信息有助于提高订单分货系统的分货绩效。

但是，*UCB* 策略对订单分货系统分货绩效的改进是有限的。并且无论是通过类的划分准则，还是通过类的数量、分货区子区域货位数量的调整等途径，来提高 *UCB* 策略的分货绩效的难度越来越大，部分信息无法解决不确定性问题。为此，必须想办法将不确定性下的订单分货问题改进为接近于完全信息下的订单分货问题。完全信息或接近于完全信息时，不仅有助于提高分货区的分货绩效，更为重要的是将有助于解决再分货问题。

客户需求是解决不确定性问题的关键，因为知道了客户需求，肯定也知道了哪些客户即将到达。对于客户需求的刻画，卡桑（2004）在刻画报童模型中的市场需求时，创新性提出通过历史需求的预测值与真实值来刻画企业的预测能力，并进一步刻画市场需求。这对于解决不确定性下的订单分货问题具有重要启示意义：在分货前仓库管理者可以要求客户输入其预计需求量，而分货结束后可得到客户的真实需求量，这样通过多个时间窗客户预计需求量与真实需求量的收集，来刻画客户的需求分布。

一旦获取了客户的需求分布，就可以通过客户需求的预计大小来进行货位分配：需求量越大的客户，其货位越靠近分货区的 I/O 点。当客户需求的准确度较高时，此时的货位分配问题将接近于完全信息时的货位分配问题，即 *FUL* 策略。此时，对于再分货问题，可以有两种解决方案：一是取消再分货，即根据客户的需求量在分货区中给客户分配 1 至多个货位，但该方案将导致分货区扩大，进一步导致分货距离变长；二是仍保留再分货运作，但再分货运作不再是一迭代问题，我们可以根据客户的需求量来确定其合适的再分货区大小。

本章的基本结构如下：5.2 节提出基于需求预测（demand based storage，*DBS*）的货位分配策略，对于需求预测方法、*DBS* 策略及其实施、模拟进行描述，并结合实际案例的相同数据，进行模拟分析。5.3 节详细描述了取消再分货时的分货问题，给出无再分货时的绩效指标，并结合实际案例进行模拟分析。5.4 节则讨论保留再分货运作时的绩效指标，并结合实际案例进行模拟分析。

5.2 基于需求预测的货位分配策略

本节仍在假设 H1 下讨论分货区的分货绩效的改进问题。首先，描述卡桑（2004）的需求预测方法，并提出解决不确定性订单分货系统分货问题的思路。其次，详细描述了 *DBS* 策略具体方法及实施步骤。为便于比较，本节采用前两章的相同模拟数据，详细描述了 *DBS* 策略的模拟方法与步骤。最后，给出了模拟结果，并详细分析了分货区的分货绩效改进问题。

5.2.1 需求预测方法

在报童模型中，一般假设市场需求是满足某概率分布的随机变量。在实践中，分销商必须在获取市场需求后，根据一定的决策目标如期望利润最大化、存货满足概率、订单完成率等，来决策向上游供应商订购产品的数量。针对易变质产品的不确定性需求，卡桑（2004）提出基于 A/F 比值来刻画需求的方法，即通过相关类似产品上期的实际值（actual value）与预测值（forecast value）来刻画其当前的需求。预测值是指上期期初时预测的市场需求，而实际值是指上期期末市场需求的实际值。因此，可以得到上期所有相关类似产品 A/F 比值：

$$A/F = 上期期末实际需求/上期期初预测值 \qquad (5-1)$$

A/F 比值基于历史数据刻画了企业的预测能力。若相关类似产品数量足够多，则可获得 A/F 比值的需求分布，在风险中性、完全信息的假设下，A/F 比值的分布一般满足正态分布，即 $X_{A/F} \sim N(\mu_{A/F}, \sigma^2_{A/F})$，且 $\mu_{A/F} \approx 1$。对当前期的某易变质产品，若预测值为 $\hat{F}$，则市场需求 D 可用正态分布来刻画：

$$\mu = \hat{F} \times \mu_{A/F} \qquad (5-2)$$

$$\sigma = \hat{F} \times \sigma_{A/F} \qquad (5-3)$$

其中，μ、σ 分别表示市场需求 D 的均值与标准差。

在不确定性订单分货系统中，仓库管理者可要求客户到达前提供其预计需求量即预测值（forecast value），分货结束后仓库管理者将获取客户的实际需求量即实际值（actual value）。经过多个周期的需求信息采集，可得每位客户 A/F 比值的分布。则在当前时间窗，仓库管理者可根据每位即将到达客户的预测值及其 A/F 比值分布，来获取该时间窗内所有客户的需求分布，然后根据客户的需求分布来进行货位分配，即 DBS 策略。

5.2.2   基于需求预测的货位分配策略

假设客户 i 在前 T 个时间窗的 A/F 比值分布为 $X_{A_i/F_i} \sim N(\mu_{A_i/F_i}, \sigma^2_{A_i/F_i})$，所有客户风险中性即 $\mu_{A_i/F_i} = 1$，分货前客户愿意透露其需求分布 $D(i)$ 且需求服从均值 μ_i、标准差为 σ_i 的正态分布。在 $T+1$ 时间窗，客户 i 预报的需求量为 $\hat{F}_i$，X_i 为客户真实需求的随机变量，则 $X_i \sim N(\mu_i, \sigma^2_i)$，其中：

$$\mu_i = \hat{F}_i \times \mu_{A_i/F_i} \qquad (5-4)$$

$$\sigma_i = \hat{F}_i \times \sigma_{A_i/F_i} \qquad (5-5)$$

假设某客户，在 7 月 2 日交易前其需求预报量 68 个单位，假设需提供 A/F 比值的交易日为 50 天（即 $T=50$，样本容量与置信区间有关，在此并不讨论），则根据该客户距 7 月 2 日最近 50 天的 A/F 比值可知其 A/F 比值分布，如表 5－1 所示。从表 5－1 可以计算出 A/F 比值分布为 $N(0.9931, 0.0301)$，则根据公式（5－4）、公式（5－5），可得该客户的需求分布为 $N(67.53, 2.05)$。若 7 月 3 日，该客户仍然出现，则其 A/F 比值则以距 7 月 3 日最近 50 天为准，以此类推，实现所有客户 A/F 比值实时更新并获取最新的需求分布。需特别说明的是，每个客户 A/F 比值的周期数相同，但时间窗可能不相同，并且每个客户 A/F 比值分布一般也不相同（因客户的风险态度可能不同）。

表 5－1　　　　　　　　某客户 A/F 比值的统计示例

日期	A	F	A/F	日期	A	F	A/F	日期	A	F	A/F
0505	67	68	0.9853	0522	171	174	0.9828	0614	118	118	1.0000
0506	76	73	1.0411	0523	283	300	0.9433	0615	209	207	1.0097
0507	65	62	1.0484	0524	135	140	0.9643	0616	116	125	0.9280
0508	178	178	1.0000	0526	164	165	0.9939	0617	127	126	1.0079
0509	170	169	1.0059	0527	189	184	1.0272	0618	230	226	1.0177
0510	132	131	1.0076	0528	141	140	1.0071	0619	193	186	1.0376
0511	143	146	0.9795	0529	152	151	1.0066	0620	162	168	0.9643
0512	160	165	0.9697	0601	151	147	1.0272	0621	122	128	0.9531
0513	109	111	0.9820	0603	141	138	1.0217	0622	206	201	1.0249
0514	80	84	0.9524	0604	128	125	1.0240	0623	188	180	1.0444
0515	69	70	0.9857	0605	102	100	1.0200	0625	143	148	0.9662
0516	228	232	0.9828	0606	146	142	1.0282	0626	171	168	1.0179
0517	195	196	0.9949	0607	113	119	0.9496	0627	172	175	0.9829
0518	216	209	1.0335	0608	158	159	0.9937	0628	169	171	0.9883
0519	153	162	0.9444	0609	143	148	0.9662	0629	142	149	0.9530
0520	105	105	1.0000	0611	170	173	0.9827	0630	133	135	0.9852
0521	156	165	0.9455	0613	85	87	0.9770	—	—	—	—

因风险中性下 $\mu_{A_i/F_i}=1$，则客户 i 的期望需求与客户的预报需求量相等，即 $\mu_i=\hat{F}_i$。在实践中，为激励客户提高需求预报的准确度，仓库管理者一般需对客户预报需求提供激励政策。假设凡预报需求量在真实需求量上下浮动 α（α 为需求预报偏差，且 $0<\alpha<1$）内的客户，将获得一定的奖励。即当客户 i 的预报需求与真实需求满足下式时，客户 i 将获得奖励：

$$\frac{|\hat{F}_i-\hat{A}_i|}{\hat{A}_i}\le\alpha \qquad (5-6)$$

对公式（5-6）进行变换，可知当客户 i 的预报需求与真实需求满足下式将获得奖励：

$$1-\alpha\le\frac{\hat{F}_i}{\hat{A}_i}\le 1+\alpha \qquad (5-7)$$

对公式（5-7）进行变换，得下式：

$$\frac{1}{1+\alpha}\le\frac{\hat{A}_i}{\hat{F}_i}\le\frac{1}{1-\alpha} \qquad (5-8)$$

假设客户 i 在 $T+1$ 时间窗愿意通过预报需求获取奖励的概率为 p_i，根据公式（5-8），可知 A/F 比值的随机变量 X_{A_i/F_i} 必须满足：

$$Prob\left(\frac{1}{1+\alpha}\le X_{A_i/F_i}\le\frac{1}{1-\alpha}\right)=p_i \qquad (5-9)$$

考虑到正态分布的对称性且 $\mu_{A_i/F_i}=1$：

$$Prob\left(\frac{1}{1+\alpha}\le X_{A_i/F_i}\le\frac{1}{1-\alpha}\right)=F\left(\frac{1}{1-\alpha}\right)-F\left(\frac{1}{1+\alpha}\right)$$

$$=\Phi\left(\frac{1/(1-\alpha)-1}{\sigma_{A_i/F_i}}\right)-\Phi\left(\frac{1/(1+\alpha)-1}{\sigma_{A_i/F_i}}\right)$$

$$=\Phi\left(\frac{\alpha}{(1-\alpha)\sigma_{A_i/F_i}}\right)+\Phi\left(\frac{\alpha}{(1+\alpha)\sigma_{A_i/F_i}}\right)$$

$$(5-10)$$

则当客户 i 在 $T+1$ 时间窗通过预报需求获取奖励的概率为 p_i 时，其 σ_{A_i/F_i} 必须满足：

$$\Phi\left(\frac{\alpha}{(1-\alpha)\sigma_{A_i/F_i}}\right) + \Phi\left(\frac{\alpha}{(1+\alpha)\sigma_{A_i/F_i}}\right) = p_i \qquad (5-11)$$

很多因素影响 p_i 的大小，主要包括需求预报政策的激励力度、客户的风险偏好等。当需求预报政策的激励力度越大时，客户的需求预报的准确度越高，当客户的风险偏好越高时，客户的需求预报的准确度越低。在风险中性的前提下，获奖概率主要由需求预测偏差范围与客户的 A/F 比值的标准差所决定。

以某拍卖市场为例，交易前购买商可以在拍卖市场交易大厅的自助终端上输入其预计购买量。为获取购买商的真实需求，该拍卖市场对提交了需求信息采集且偏差在 10% 范围的购买商，一律佣金优惠 10%，即实收佣金比例由 5% 变为 4.5%。则该拍卖市场基于需求预测的货位分配策略实施步骤如下：

步骤 1：所有参加拍卖的购买拍卖前在交易大厅内的自助终端上输入其预计购买数量 $\hat{F}(i)$。

步骤 2：拍卖开始前，系统计算每位即将参与拍卖的购买商的前 T 个时间窗的 A/F 比值，计算其 A/F 比值的均值 μ_{A_i/F_i}、标准差 σ_{A_i/F_i}，并获取其需求分布的概率分布。

步骤 3：根据购买量预报偏差比 α，以及购买商 A/F 比值标准差 σ_{A_i/F_i}，根据公式（5-10）计算每位即将参与拍卖的购买商的 p_i。

步骤 4：对每位即将参与拍卖的购买商，根据其需求空间为 $\left[\frac{1}{1+\alpha}\hat{F}_i, \frac{1}{1-\alpha}\hat{F}_i\right]$ 取随机数，得到购买商的需求估计量 $\tilde{F}_i$。

步骤 5：对第 4 步客户需求估计量 $\tilde{F}_i$ 按大小进行排序，分别为 $\tilde{F}_{(1)}$，$\tilde{F}_{(2)}$，…，$\tilde{F}_{(i)}$，…，$\tilde{F}_{(I)}$，需求估计量最大的即 $\tilde{F}_{(1)}$ 分配第一

个货位，需求估计量次之的即 $\tilde{F}_{(2)}$ 分配第二个货位，以此类推，将所有货位分配完毕。

尽管佣金优惠减少了该拍卖市场的佣金收入，但此类优惠能带来其他方面的更大价值：一方面可以缩短客户提货等待时间，进而提高服务水平；另一方面，由于分货效率的提高，特别是将大幅降低再分货的复杂性与工作量，使分货员与再分货员的人员数量减少，进而降低了人工成本。其他方面的优势还包括提高再分货区的空间利用率、减少再分货区的大小等。

同部分信息下的货位分配策略相比，基于需求预测的货位分配策略具有两个优势：一是在分货前可以知道哪些客户即将到达，将基本解决客户到达的不确定性问题；二是此时的分货策略 DBS 策略将无限逼近完全信息时的 FUL 策略。

5.2.3　基于需求预测的货位分配策略的模拟

在模拟中，由于客户 i 的真实需求量 $\hat{A}_i$ 已知，为此可以将客户的需求估计量看成客户真实需求的随机变量，在此定义为 Y_i。模拟时可以根据 F/A 比值的概率分布而非 A/F 比值的概率分布进行模拟。根据公式（5-7），定义客户 i 在前 T 个时间窗的 F/A 比值的随机变量 Y_{F/A_i}，其分布为 $Y_{F/A_i} \sim N(\mu_{F/A_i}, \sigma^2_{F/A_i})$。假设所有客户风险中性即 $\mu_{F/A_i}=1$，则客户的需求估计量 Y_i 服从均值 μ'_i、标准差为 σ'_i 的正态分布，即 $Y_i \sim N(\mu'_i, (\sigma'_i)^2)$，其中：

$$\mu'_i = \hat{A}_i \times \mu_{F/A_i} \qquad (5-12)$$

$$\sigma'_i = \hat{A}_i \times \sigma_{F/A_i} \qquad (5-13)$$

同样地，因 $\mu_{F/A_i}=1$，可知客户 i 的期望需求与客户的真实需求相等，即 $\mu_i = \hat{A}_i$。但随机变量 Y_i 与 X_i 的标准差存在明显区别：前者为 F/A 比值的标准差，而后者为 A/F 比值的标准差。

同样地，假设客户 i 在 $T+1$ 时间窗愿意通过预报需求获取奖励的概率为 p_i，根据公式（5-7），可知 F/A 比值的随机变量 Y_{F_i/A_i} 必须满足：

$$Prob(1-\alpha \leqslant Y_{F_i/A_i} \leqslant 1+\alpha) = p_i \qquad (5-14)$$

或客户需求预报量的随机变量必须满足：

$$Prob((1-\alpha)\hat{A}(i) \leqslant Y_i \leqslant (1+\alpha)\hat{A}(i)) = p_i \qquad (5-15)$$

模拟时首先模拟 F/A 比值的正态分布，考虑到正态分布的对称性且 $\mu_{F_i/A_i} = 1$：

$$Prob(1-\alpha \leqslant Y_{F_i/A_i} \leqslant 1+\alpha) = F(1+\alpha) - F(1-\alpha)$$

$$= \Phi\left(\frac{1+\alpha-1}{\sigma_{F_i/A_i}}\right) - \Phi\left(\frac{1-\alpha-1}{\sigma_{F_i/A_i}}\right)$$

$$= 2\Phi\left(\frac{\alpha}{\sigma_{F_i/A_i}}\right) - 1 \qquad (5-16)$$

$\Phi(z)$ 为标准正态分布的分布函数，将公式（5-16）代入公式（5-15）可得：

$$\Phi\left(\frac{\alpha}{\sigma_{F_i/A_i}}\right) = \frac{1+p_i}{2} \qquad (5-17)$$

则当客户 i 在 $T+1$ 时间窗通过预报需求获取奖励的概率为 p_i 时，其 σ_{F_i/A_i} 必须控制在公式（5-18）以内：

$$\sigma_{F_i/A_i} = \alpha/\Phi^{-1}\left(\frac{1+p_i}{2}\right) \qquad (5-18)$$

进一步对 p_i 的含义进行解释：当客户 i 的真实需求量为 $\hat{A}_i$ 时，p_i 为客户 i 的需求估计量 Y_i 在区间 $[(1-\alpha)\hat{A}_i, (1+\alpha)\hat{A}_i]$ 的概率。当所有客户的 σ_{F_i/A_i} 相等时，p_i 为所有客户的需求估计量 Y_i 在其对应

区间 $\left[(1-\alpha)\hat{A}_i, (1+\alpha)\hat{A}_i\right]$ 的比率。

模拟中假设所有客户风险态度一致，即 F/A 比值的标准差相等，在此统一定义为 σ。并且，假设所有客户通过需求预报获取奖励的概率相等，在此统一定义为 p。此时，可以得出需求预报偏差 α 与获奖概率 p 不同组合时 F/A 比值的标准差 σ 的控制范围，如表 5 - 2 所示。当需求预报偏差 $\alpha = 0.05$、$\sigma = 0.019411$ 时，客户通过需求预报获得奖励的概率为 99%；反之，当需求预报偏差 $\alpha = 0.05$、$p = 0.99$ 时，客户若希望通过需求预报获得奖励，其 F/A 比值标准差 σ 必须控制在 0.019411 以内。

表5 - 2　　　需求预报偏差 α 与获奖概率 p 不同组合时的标准差 σ

α	p						
	0.99	0.95	0.9	0.85	0.8	0.75	0.7
0.05	0.019411	0.025511	0.030398	0.034734	0.039015	0.043465	0.048242
0.10	0.038822	0.051021	0.060796	0.069467	0.078030	0.086930	0.096485
0.15	0.058234	0.076532	0.091194	0.104201	0.117046	0.130395	0.144727
0.20	0.077645	0.102043	0.121591	0.138934	0.156061	0.173860	0.192969
0.25	0.097056	0.127553	0.151989	0.173668	0.195076	0.217325	0.241212

因 F/A 比值的均值等于1，则 F/A 比值的变差系数同时也等于 σ，且需求预估量的随机变量的变差系数与 F/A 比值的变差系数相等。由公式（5 - 13）可知，α/σ 对应标准正态分布的 z 统计值，即 $z = \alpha/\sigma$。而 $\Phi(z) = \dfrac{1+p}{2}$，即 $\dfrac{1+p}{2}$ 为需求预估量 Y_i 的上侧分位数。区间 $\left[(1-\alpha)\hat{A}_i, (1+\alpha)\hat{A}_i\right]$ 为需求预估量 Y_i 置信水平为 p 的置信区

间，而 $\tilde{F}_i$ 为客户预估量的一个具体值。表 5 – 3 描述了 p、z 统计值、$\Phi(z)$ 之间的关系。

表 5 – 3　　　　获奖概率 p、z 统计值与 $\Phi(z)$ 之间的关系

p	0.99	0.95	0.9	0.85	0.8	0.75	0.7
z 统计值	2.5758	1.9600	1.6449	1.4395	1.2816	1.1503	1.0364
$\Phi(z)$	0.995	0.975	0.950	0.925	0.900	0.875	0.850

因此，从以上可以看出，基于需求预测的货位分配策略的模拟的步骤为：

步骤 1：获取某交易日的客户数及其真实需求数量。重复步骤 2 至步骤 5 直至 N 次。

步骤 2：根据需求预报偏差 α 与获奖概率 p 计算出 F/A 比值的标准差，然后产生一组 F/A 比值的正态分布 $Y_{F_i/A_i} \sim N(1, \sigma^2)$ 的随机数，组内的随机数与客户数量相等。

步骤 3：将客户的真实需求数量与其 F/A 比值对应的随机数相乘，计算产生客户的需求预估量 $\tilde{F}_i$。

步骤 4：对第三步中的客户需求预估量 $\tilde{F}_i$ 按大小进行排序，分别为 $\tilde{F}_{(1)}$，$\tilde{F}_{(2)}$，…，$\tilde{F}_{(i)}$，…，$\tilde{F}_{(I)}$，需求预估量最大的即 $\tilde{F}_{(1)}$ 分配第一个货位，需求预估量次之的即 $\tilde{F}_{(2)}$ 分配第二个货位，以此类推，将所有货位分配完毕。

步骤 5：计算该次分货模拟的分货绩效。

步骤 6：对 N 次取平均值，并与吞吐量分配策略（FUL）进行比较。

5.2.4　模拟结果及分析

本部分采用5.2.3小节中的模拟方法,对实际案例的相同数据进行模拟。首先,对模拟数据的部分统计指标进行说明。然后,分别就总体情况、各交易日情况,以及针对少数时间窗的异常结果,进行说明和分析。

5.2.4.1　模拟说明

模拟数据仍采用某拍卖市场的实际交易数据,模拟期仍为7月2~31日,即连续模拟一个月,计30个交易日或时间窗。30个交易日累计参加交易的购买商人数为9 752人次,参与人数最少的交易日为7月21日,计289人;参与人数最多的交易日为7月16日,计359人;平均每个交易日购买商人数为325.07人。

根据需求预报偏差比 α 与获奖概率 p 的不同组合将模拟划分多种情形进行模拟, α 的取值包括5%、10%、15%、20%、25%等5种情形, p 的取值包括99%、95%、90%、85%、80%、75%、70%等7种情形,合计35类情形组合,详见表5-2。

对于每类情形组合,按交易日产生随机数。对于每个交易日,按购买商人数产生30组 F/A 比值的随机数。例如,7月16日为359人,共生成30组随机数,即10 770个随机数。因7月2~31日期间累计的购买商人次为9 752人次,则此期间共产生900组、计292 560个 F/A 比值的随机数。总共35类情形组合,共产生31 500组、计10 239 600个 F/A 比值的随机数。

在此期间,共产生47 326辆分货台车,台车数最多的交易日为7

月 2 日，计 2 213 辆台车；台车数最少的交易日为 7 月 13 日，计
1 290 辆台车；平均每个交易日的台车数为 1 577.53 辆。对于每类情
形组合，30 个交易日 30 组随机数共产生 900 组台车的不同货位分配
结果，计 42 593 400 种货位分配结果。总共 35 类情形组合，共产生
31 500 组、计 1 490 769 000 种货位分配结果。

在此期间，共产生 262 092 个交易批次，交易批次最多的交易日
为 7 月 2 日，计 11 399 个批次；交易批次最少的交易日为 7 月 21 日，
计 7 253 个批次；平均每个交易日的批次数为 8 736.40 个。对于每类
情形组合，30 个交易日 30 组随机数共产生 900 组批次位置，计
235 882 800 个批次位置。总共 35 类情形组合，共产生 31 500 组、
计 8 255 898 000 个批次位置。

分货区形状参数统一为 $M=18$ 时，绩效基准仍以 $M=18$ 时 FUL
策略的分货距离、转移距离与行走距离为准。模拟数据的基本情况，
如表 5-4 所示。

表 5-4　　　　　　　　　　模拟数据基本情况统计

类别	数量
模拟情形组合数	35 种
模拟交易日数	30 个交易日
每个交易日随机数组数	30 组
累计购买商人数	9 752 人
累计台车数	47 326 辆
累计交易批次数	262 092 个

在每个交易日的 30 组 F/A 比值随机数产生后，接下来从系统中
获取客户的真实需求量，然后将客户的真实需求量与客户对应的 F/A

比值随机数相乘，得到每个交易日每组客户的需求估计量 $\tilde{F}_i$，30 个交易日共产生 900 组需求估计量。

对于每组需求估计量，按客户需求预估量 $\tilde{F}_i$ 按大小进行排序，需求预估量最大的客户分配第一个货位，需求量次之的分配第二个货位，以此类推，依次将改组货位分配完毕。货位分配完毕后，按台车上的批次依次获取客户的货位，并计算分货绩效，然后取 30 组货位分配绩效的平均值作为 DBS 策略的分货绩效。分货区形状参数与前面的一致，即 $M = 18$。

5.2.4.2 总体结果及分析

首先分析需求预报量的生成情况，表 5-5 描述了通过 F/A 比值随机数生成的需求预报量与客户的真实需求的平均偏差。从表 5-5 中可以看出，当 $\alpha = 0.05$，$p = 0.99$ 时，需求预报量与真实需求量的平均偏差最小，为 1.55%；而当 $\alpha = 0.25$，$p = 0.70$ 时，需求预报量与真实需求量的平均偏差最大，为 22.56%。

表 5-5　　　　　需求预报量与真实需求量的平均偏差　　　　单位：%

α	p						
	0.99	0.95	0.9	0.85	0.8	0.75	0.7
0.05	1.55	2.03	2.43	2.78	3.12	3.48	3.86
0.10	3.11	4.09	4.88	5.60	6.32	7.03	7.85
0.15	4.68	6.17	7.39	8.52	9.61	10.78	12.06
0.20	6.30	8.31	10.02	11.55	13.13	14.82	16.78
0.25	7.89	10.53	12.74	14.79	16.92	19.47	22.56

图 5 - 1 描述了 α 等于 0.05、0.10、0.15、0.20、0.25 时需求预报量与真实需求量的偏差随获奖概率 p 的变化情况。从图 5 - 1 中可以看出：

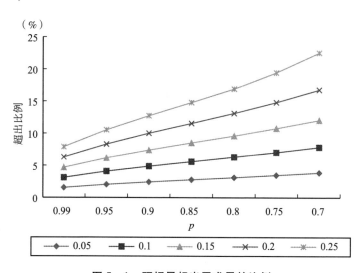

图 5 - 1　预报量超出需求量的比例

（1）需求预报量与真实需求量的偏差随获奖概率的下降而上升。

（2）拍卖市场设定的偏差范围 α 越大，客户的需求预报量与客户的真实需求量的偏差越大。

FUL 策略分货距离、转移距离与行走距离请参见表 3 - 6。下面首先分析 *DBS* 策略日均分货距离的变化情况，表 5 - 6 描述了 *DBS* 策略日均分货距离超出 *FUL* 策略的比例情况。从表 5 - 6 中可以看出，当 α = 0.05，p = 0.99 时，*DBS* 策略日均分货距离超出 *FUL* 策略最小，仅为 0.02%；而当 α = 0.25，p = 0.70 时，*DBS* 策略日均分货距离超出 *FUL* 策略最大，但也仅为 1.78%。而第 4 章中较优的 *UCB* - 2 策略，也超出了 *FUL* 策略 6.93%。

表 5 - 6　　　　　　　*DBS* 策略日均 *DD* 超出 *FUL* 策略的比例　　　　单位：%

α	p						
	0.99	0.95	0.9	0.85	0.8	0.75	0.7
0.05	0.02	0.02	0.02	0.03	0.05	0.05	0.07
0.10	0.04	0.06	0.08	0.14	0.18	0.24	0.27
0.15	0.10	0.15	0.24	0.33	0.39	0.48	0.62
0.20	0.18	0.29	0.42	0.57	0.72	0.90	1.14
0.25	0.27	0.49	0.68	0.92	1.15	1.42	1.78

　　图 5 - 2 描述了 α 等于 0.05、0.10、0.15、0.20、0.25 时 *DBS* 策略日均分货距离超出 *FUL* 策略的比例随获奖概率 p 的变化情况。从图 5 - 2 中可以看出：

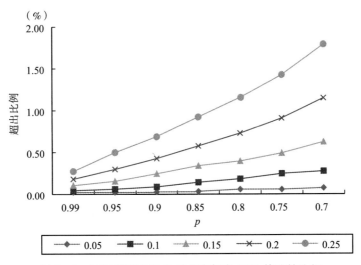

图 5 - 2　*DBS* 策略日均分货距离超出 *FUL* 策略的比例

　　（1）*DBS* 策略日均分货距离超出 *FUL* 策略的比例随获奖概率 p 的下降而上升，且上升幅度越来越大。

（2）拍卖市场设定的偏差范围 α 越大，DBS 策略日均分货距离超出 FUL 策略的比例越大，且随获奖概率 p 的下降加速增大。

其次，分析 DBS 策略日均转移距离的变化情况，表 5-7 描述了 DBS 策略日均转移距离超出 FUL 策略的比例情况。从表 5-7 中可以看出，当 $\alpha=0.05$，$p=0.99$ 时，DBS 策略日均转移距离超出 FUL 策略最小，仅为 0.01%；而当 $\alpha=0.25$，$p=0.70$ 时，DBS 策略日均转移距离超出 FUL 策略最大，但也仅为 2.65%。而第 4 章中较优的 $UCB-2$ 策略，也超出了 FUL 策略 23.78%。

表 5-7　　　　　 **DBS 策略日均转移距离超出 FUL 策略的比例**　　　　单位：%

α	p						
	0.99	0.95	0.9	0.85	0.8	0.75	0.7
0.05	0.01	0.02	0.04	0.05	0.06	0.09	0.10
0.10	0.06	0.12	0.17	0.23	0.28	0.35	0.42
0.15	0.16	0.27	0.37	0.48	0.60	0.74	0.91
0.20	0.28	0.46	0.64	0.84	1.04	1.30	1.63
0.25	0.42	0.71	0.99	1.30	1.67	2.12	2.65

图 5-3 描述了 α 等于 0.05、0.10、0.15、0.20、0.25 时 DBS 策略日均转移距离超出 FUL 策略的比例随获奖概率 p 的变化情况。从图 5-3 中可以看出：

（1）DBS 策略日均转移距离超出 FUL 策略的比例随获奖概率 p 的下降而上升，且上升幅度越来越大。

（2）拍卖市场设定的偏差范围 α 越大，DBS 策略日均转移距离超出 FUL 策略的比例越大，且随获奖概率 p 的下降加速增大。

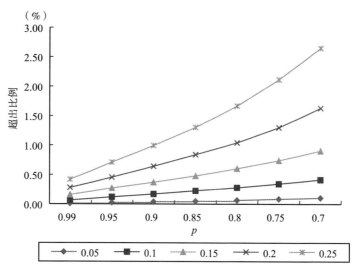

图 5 – 3　*DBS* 策略日均转移距离超出 *FUL* 策略的比例

最后，分析 *DBS* 策略日均行走距离即分货绩效的变化情况，表 5 – 8 描述了 *DBS* 策略日均行走距离超出 *FUL* 策略的比例情况。从表 5 – 8 中可以看出，当 $\alpha = 0.05$，$p = 0.99$ 时，*DBS* 策略日均行走距离超出 *FUL* 策略最小，仅为 0.02%；而当 $\alpha = 0.25$，$p = 0.70$ 时，*DBS* 策略日均行走距离超出 *FUL* 策略最大，但也仅为 1.91%。而第 4 章中较优的 *UCB* – 2 策略，也超出了 *FUL* 策略 9.33%。

表 5 – 8			*DBS* 策略日均行走距离超出 *FUL* 策略的比例			单位：%
α	p					
	0.99	0.95	0.9	0.85	0.8	0.75	0.7
0.05	0.02	0.02	0.02	0.03	0.05	0.06	0.07
0.10	0.04	0.06	0.09	0.15	0.19	0.25	0.29
0.15	0.11	0.17	0.26	0.35	0.42	0.52	0.66
0.20	0.19	0.31	0.45	0.61	0.77	0.96	1.21
0.25	0.29	0.52	0.73	0.97	1.22	1.52	1.91

图 5 - 4 描述了 α 等于 0.05、0.10、0.15、0.20、0.25 时 DBS 策略日均行走距离超出 FUL 策略的比例随获奖概率 p 的变化情况。从图 5 - 4 中可以看出：

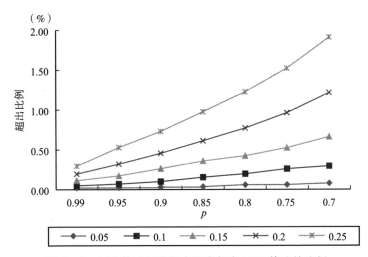

图 5 - 4 DBS 策略日均行走距离超出 FUL 策略的比例

（1）DBS 策略日均行走距离超出 FUL 策略的比例随获奖概率 p 的下降而上升，且上升幅度越来越大。

（2）拍卖市场设定的偏差范围 α 越大，DBS 策略日均行走距离超出 FUL 策略的比例越大，且随获奖概率 p 的下降加速增大。

从以上分析可以看出，DBS 策略将取得逼近完全信息时的分货绩效，当偏差范围 α 越小且获奖概率 p 越高时，DBS 策略的分货绩效离基准越近。

5.2.4.3　各交易日结果及分析

本节进一步分析各交易日分货绩效模拟情况。同样地，FUL 策略分货距离、转移距离与行走距离请参见表 3 - 6。限于篇幅关系，本

节仅分析 *DBS* 策略各交易日总行走距离超出 *FUL* 策略情况。

当 $\alpha = 0.05$ 时，在不同获奖概率情形下，各交易日 *DBS* 策略的行走距离超出 *FUL* 策略的比例，如图 5 – 5 所示。从图 5 – 5 中可以看出，不同获奖概率情形下 *DBS* 策略的行走距离超出 *FUL* 策略比例的总体变化趋势类似，主要是因为同一交易日内客户内在到达规律、客户需求完全相同。当 $p = 0.70$ 时，7 月 15 日 *DBS* 策略的行走距离超出 *FUL* 策略比例最大，但仅为 0.60%。当 $p = 0.70$ 时，7 月 22 日 *DBS* 策略的行走距离超出 *FUL* 策略比例最小，为 -0.30%。

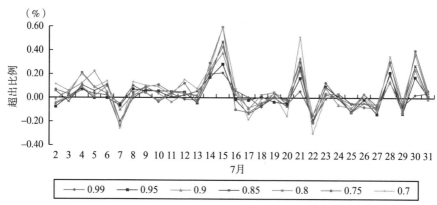

图 5 – 5 $\alpha = 0.05$ 时 *DBS* 策略各交易日行走距离超出 *FUL* 策略的比例情况

当 $\alpha = 0.10$ 时，在不同获奖概率情形下，各交易日 *DBS* 策略的行走距离超出 *FUL* 策略的比例，如图 5 – 6 所示。从图 5 – 6 中可以看出，不同获奖概率情形下 *DBS* 策略的行走距离超出 *FUL* 策略比例的总体变化趋势类似，主要是因为同一交易日客户内在到达规律、客户需求完全相同。当 $p = 0.70$ 时，7 月 15 日 *DBS* 策略的行走距离超出 *FUL* 策略比例最大，但仅为 0.87%。当 $p = 0.85$ 时，7 月 7 日 *DBS* 策略的行走距离超出 *FUL* 策略比例最小，为 -0.42%。

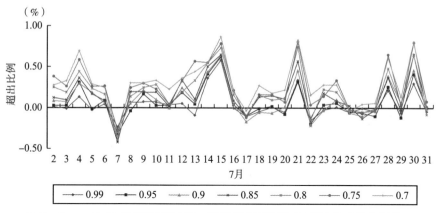

图 5 - 6　$\alpha = 0.10$ 时 DBS 策略各交易日行走距离超出 FUL 策略的比例情况

当 $\alpha = 0.15$ 时，在不同获奖概率情形下，各交易日 DBS 策略的行走距离超出 FUL 策略的比例，如图 5 - 7 所示。从图 5 - 7 中可以看出，不同获奖概率情形下 DBS 策略的行走距离超出 FUL 策略比例的总体变化趋势类似，主要是因为同一交易日客户内在到达规律、客户需求完全相同。当 $p = 0.70$ 时，7 月 21 日 DBS 策略的行走距离超出 FUL 策略比例最大，但仅为 1.51%。当 $p = 0.90$ 时，7 月 7 日 DBS 策略的行走距离超出 FUL 策略比例最小，为 -0.43%。

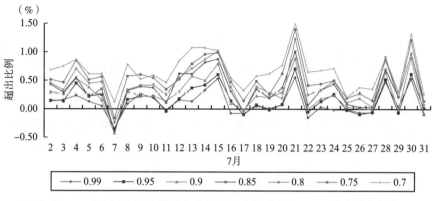

图 5 - 7　$\alpha = 0.15$ 时 DBS 策略各交易日行走距离超出 FUL 策略的比例情况

当 $\alpha = 0.20$ 时，在不同获奖概率情形下，各交易日 DBS 策略的行走距离超出 FUL 策略的比例，如图 5-8 所示。从图 5-8 中可以看出，不同获奖概率情形下 DBS 策略的行走距离超出 FUL 策略比例的总体变化趋势类似，主要是因为同一交易日客户内在到达规律、客户需求完全相同。当 $p = 0.70$ 时，7 月 21 日 DBS 策略的行走距离超出 FUL 策略比例最大，但仅为 2.20%。当 $p = 0.95$ 时，7 月 7 日 DBS 策略的行走距离超出 FUL 策略比例最小，为 -0.28%。

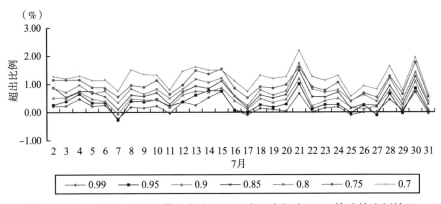

图 5-8　$\alpha = 0.20$ 时 DBS 策略各交易日行走距离超出 FUL 策略的比例情况

当 $\alpha = 0.25$ 时，在不同获奖概率情形下，各交易日 DBS 策略的行走距离超出 FUL 策略的比例，如图 5-9 所示。从图 5-9 中可以看出，不同获奖概率情形下 DBS 策略的行走距离超出 FUL 策略比例的总体变化趋势类似，主要是因为同一交易日客户内在到达规律、客户需求完全相同。当 $p = 0.70$ 时，7 月 21 日 DBS 策略的行走距离超出 FUL 策略比例最大，但仅为 2.86%。当 $p = 0.99$ 时，7 月 7 日 DBS 策略的行走距离超出 FUL 策略比例最小，为 -0.21%。

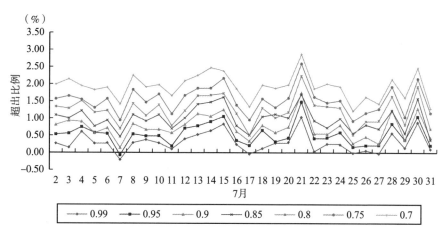

图 5 – 9 $\alpha = 0.25$ 时 DBS 策略各交易日行走距离超出 FUL 策略的比例情况

上述模拟结果出现一个有趣的结论，即当分货区形状参数统一为 $M = 18$ 时，出现了 DBS 策略的行走距离低于 FUL 策略情形：一方面，该模拟结果证明当分货区形状参数一致时，FUL 策略的分货绩效确实是"伪"最优的；另一方面，该模拟结果也指引我们进一步分析为什么会出现该情形。

5.2.4.4 异常分析

在分析各交易日时间序列的分货绩效时，模拟结果发现：当分货区形状参数一致（$M = 18$）时，部分交易日采用 DBS 策略时，其行走距离低于 FUL 策略的行走距离。为此，有必要分析为什么会出现该情形。

本书选择 DBS 策略行走距离低于 FUL 策略最多时的情形进行分析，即当 $\alpha = 0.15$、$p = 0.90$ 时，7 月 7 日 DBS 策略的行走距离低于 FUL 策略比例最多，为 – 0.43%。本书进一步分析分货区形状参数对行走距离的影响，如表 5 – 9 所示。从表 5 – 9 中可以看出，大多数情形下当分货区形状参数一致时，FUL 策略的分货绩效优于 DBS 策略，但当 $M = 18$，36，38 时，FUL 策略的分货绩效低于 DBS 策略。上述结果仅限 7 月 7 日 $\alpha = 0.15$、$p = 0.90$ 时的情形。

表 5 - 9　　　形状参数对 DBS 策略、FUL 策略行走距离的影响

M	FUL	DBS	超出比例（%）
8	135 391	135 758.27	0.27
10	123 920	123 957.53	0.03
12	117 584	118 167.30	0.50
14	115 464	115 609.23	0.13
16	114 240	114 914.03	0.59
18	115 772	115 279.67	- 0.43
20	115 900	116 419.03	0.45
22	116 923	117 698.50	0.66
24	118 495	119 053.13	0.47
26	120 905	121 099.00	0.16
28	121 520	122 295.70	0.64
30	123 490	124 299.87	0.66
32	125 819	126 223.50	0.32
34	127 619	127 999.93	0.30
36	129 927	129 771.23	- 0.12
38	132 747	132 118.90	- 0.47
40	133 280	133 652.70	0.28

进一步描述 7 月 7 日 $\alpha = 0.15$、$p = 0.90$ 时分货区形状参数对 DBS 策略、FUL 策略行走距离的影响，如图 5 - 10 所示。从图 5 - 10 中可以看出，在离散模型中，尽管 DBS 策略、FUL 策略的行走距离随形状参数的变化总体上趋于一致，但该曲线并非平滑变化的。这也

160

是离散模型与连续模型的典型区别之处，离散模型很难求解最优形状参数，但离散模型基本与实践趋于一致。

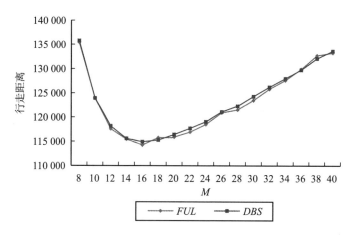

图 5 - 10 形状参数 *M* 对 *DBS* 策略、*DBS* 策略行走距离的影响（$\alpha = 0.15$，$p = 0.90$）

从以上分析可以看出，*DBS* 策略的分货绩效高于 *FUL* 策略主要是受分货区形状参数的影响，这也从另外一个侧面证实了分货区形状的重要性。

5.3 无再分货的分货运作策略

如前所述，通过需求信息采集获得客户需求后，对于再分货问题有两种解决方案：一是根据客户需求在分货区为客户配置多个货位，取消再分货运作；二是仍配置再分货区，详细分析再分货运作问题。本节主要讨论无再分货的分货运作问题。首先，本节描述了取消了再分货运作后的分货运作问题；其次，讨论了无再分货的分货运作绩效指标问题；最后，仍结合同一案例的相同数据，进行模拟分析。

5.3.1 无再分货的分货运作描述

因为已知客户需求，则可以根据客户需求分配一至多个货位。比如，需求预报量最大的客户预报了 313 桶，次之的客户预报了 305 桶。假设需求预测偏差比 $\alpha = 0.10$，两个客户历史 A/F 比值的标准差分别为 0.1233、0.1997，根据 5.2.2 节的方法，得到第一个客户需求为 331.89 桶，第二个客户的需求为 286.35 桶。则在进行货位分配时分配给第一个客户 $\lceil 331.89/18 \rceil = 19$ 个货位；对于第二个客户，则分配 $\lceil 288.35/18 \rceil = 16$ 个货位；以此类推，为每个客户分配一至多个货位。由于 331.89 桶、288.35 桶并非第一个客户、第二个客户的真实需求，实际中客户的真实需求可能超出或低于上述数量，如假设第二个客户的真实需求为 295 桶，则其实际需求的货位数为 $\lceil 295/18 \rceil = 17$ 个货位。此时，由于仅给第二个客户分配了 16 个货位，从而导致第二个客户部分 SKUs 无地方存放。

为此，取消再分货运作时必须设计溢出区，用于存放货位数不够的客户的 SKUs。图 5 – 11 给出了无再分货运作时分货区的布局设计的一个实例。此时，仓库由缓冲区、分货区和溢出区组成。缓冲区用于存放到达的可移动货架，每辆可移动货架存放着不同客户的 SKUs。分货区的配置与图 3 – 2 类似，内通道与前/后交叉通道都允许两辆可移动货架双向行驶。溢出区配置在分货区的上方，溢出区的布局与分货区类似，其前交叉通道允许两辆可移动货架双向行驶。

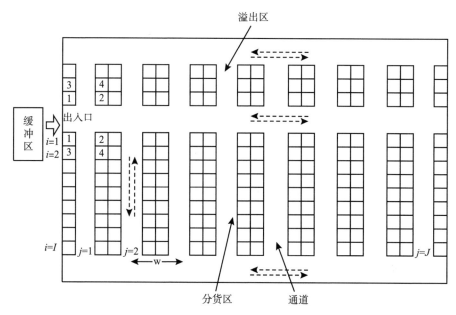

图 5 – 11　无再分货运作时分货区的布局设计

假设某时间窗分货前 I 个客户的需求估计量分别为 $\tilde{F}_1$，$\tilde{F}_2$，$\cdots$，$\tilde{F}_i$，$\cdots$，$\tilde{F}_I$，对 $\tilde{F}_i$ 按大小进行排序，分别为 $\tilde{F}_{(1)}$，$\tilde{F}_{(2)}$，$\cdots$，$\tilde{F}_{(i)}$，$\cdots$，$\tilde{F}_{(I)}$，需求预估量最大的分配前 $\lceil \tilde{F}_{(1)}/q_0 \rceil$ 个货位；需求估计量次之分配接下来的 $\lceil \tilde{F}_{(2)}/q_0 \rceil$ 个货位，以此类推，直至为每个客户分配对应的货位数量与货位。分货开始后，对于每个客户按其对应的货位区间按 $FCFS$ 原则为其 SKUs 分配货位，直至分货结束。分货过程中，若某个购买商的货位数不足，则将多出的 SKUs 放置于溢出区。

由于客户 i 可能因为货位数不够而导致溢出，溢出将产生新的行走距离，且溢出给客户提货带来不便。因此，溢出的统计指标非常关键，主要包括溢出的客户数、溢出的货位数。前者指有多少客户其分配的货位数不够，后者指这些溢出的客户共溢出了多少个货位。有关取消再分货运作后的其他绩效指标，详见 5.3.2 小节。

对于无再分货运作时的分货运作，还需特别说明的是：

（1）由于取消了再分货运作，第 3 章中行走距离离散模型中的转移距离将不再存在。分货距离即为行走距离，因而分货绩效也仅考虑分货距离。

（2）当客户分配一至多个货位时，即使取消了再分货运作，仍存在溢出分货运作。此时，溢出分货运作主要是当客户分货区货位不够时，将客户新到达的 SKUs 存储在溢出区。严格地讲，溢出分货运作是分货运作的变体。

（3）当客户分配一至多个货位时，若采用随机分配，即使客户随机到达，第 3 章中的定理大部分也不再成立。

（4）由于客户分配了一至多个货位，由此导致分货区扩大，进而增加了分货员的分货距离。此时，分货距离主要与客户总需求量相关。客户总需求量越大，分货距离越大。并且，分货区最优形状参数将发生变化。

（5）同一客户不同时间到达的 SKUs 的货位可能不同，分货单上不能再简单标识客户分货区的位置。必须按客户 SKUs 的到达顺序，依次标识 SKUs 的货位。

5.3.2　无再分货的分货绩效指标

无再分货运作时的分货绩效指标除行走距离外，还存在其他分货绩效指标，如实际需要的货位数、实际分配的货位数、日均使用的货位数、分货区空间利用率、溢出的客户数等绩效指标，下面逐一进行解释。

（1）行走距离（total travel distance for non redistribution，TTD_{NR}），

无再分货运作时行走距离即分货距离，在此统一用 TTD_{NR} 表示。由于溢出 SKUs 的行走距离无法计算，在此行走距离将不考虑溢出 SKUs 的行走距离，主要通过溢出指标进行处理。有 N 个通道，每个通道的两侧均配置 M 个货位的矩形仓库，共有 J 个可移动货架到达。A_j 为货架 j 进入的通道数，m_j、n_j 分别为货架 j 最远分货点所在的行号和列号。则 J 个可移动货架总的行走距离为：

$$TTD_{NR} = \sum_{j=1}^{J} ((m_j + w \times (n_j - 1)) + (A_j - 1) \times M)$$

$$(5-19)$$

公式（5-19）与公式（3-5）计算方式相似，但公式（3-5）中的 m_j、n_j 是当前客户的最远分货位，而公式（5-19）中的 m_j、n_j 是当前批次 SKUs 的最远分货位。

（2）实际需要的货位数（number of demand blocks for non redistribution，DB_{NR}），指客户真实需求所需的货位数。假设客户 i 的需求量为 D_i，则 I 个客户实际需要的货位数为：

$$DB_{NR} = \sum_{i=1}^{I} \left\lceil \frac{D_i}{q_0} \right\rceil \qquad (5-20)$$

（3）实际分配的货位数（number of allocation blocks for non redistribution，AB_{NR}），指根据客户需求预报量所产生的估计量分配的货位数。假设客户 i 的需求预报量 F_i，根据客户 i 的 A_i/F_i 比值的概率分配、需求预测偏差 α 则可得客户需求估计量 $\tilde{F}_i$，则 I 个客户实际分配的货位数为：

$$AB_{NR} = \sum_{i=1}^{I} \left\lceil \frac{\tilde{F}_i}{q_0} \right\rceil \qquad (5-21)$$

（4）溢出的货位数（number of exceeding blocks for non redistribution，EB_{NR}），指客户实际需要的货位数超出客户实际分配的货位数

的那部分值。即：

$$EB_{NR} = \sum_{i=1}^{I} \left(\left\lceil \frac{D_i}{q_0} \right\rceil - \left\lceil \frac{\widetilde{F}_i}{q_0} \right\rceil \right)^+ \qquad (5-22)$$

（5）实际使用的货位数（number of used blocks for non redistribution，UB_{NR}），指分货区中实际被占用的货位数。当客户实际需要的货位数大于实际分配的货位数，其实际使用的货位数为客户实际分配的货位数；当客户实际需要的货位数小于实际分配的货位数，其实际使用的货位数为客户实际需要的货位数，即二者的极小值：

$$UB_{NR} = \sum_{i=1}^{I} \min\left\{ \left\lceil \frac{D_i}{q_0} \right\rceil, \left\lceil \frac{\widetilde{F}_i}{q_0} \right\rceil \right\} \qquad (5-23)$$

（6）空间利用率（rate of space utility for non redistribution，SU_{NR}），指分货区中实际使用的货位数与实际分配的货位数的比值。即：

$$SU_{NR} = \frac{UB_{NR}}{AB_{NR}} \qquad (5-24)$$

因 $\min\left\{ \left\lceil \frac{D_i}{q_0} \right\rceil, \left\lceil \frac{\widetilde{F}_i}{q_0} \right\rceil \right\} \leqslant \left\lceil \frac{\widetilde{F}_i}{q_0} \right\rceil$，显然 SU_{NR} 不可能超过 100%。

（7）溢出的客户数（number of exceeding customers for non redistribution，EC_{NR}），指分货区中货位不够的客户数。用 0~1 变量 E_i^{NR} 标识客户 i 实际分配的货位数是否足够，即：

$$E_i^{NR} = \begin{cases} 1, & \left\lceil \frac{D_i}{q_0} \right\rceil > \left\lceil \frac{\widetilde{F}_i}{q_0} \right\rceil \\ 0, & \text{Otherwise} \end{cases} \qquad (5-25)$$

则：

$$EC_{NR} = \sum_{i=1}^{I} E_i^{NR} \qquad (5-26)$$

5.3.3 模拟结果及分析

本部分仍采用相同案例的相同数据，对无再分货运作的分货绩效进行模拟。首先，对模拟进行简要说明。其次，分别按总体情况、各交易日情况，对模拟结果进行说明和分析。

5.3.3.1 模拟说明

模拟数据仍采用某拍卖市场的实际交易数据，模拟期仍为 7 月 2 ～ 31 日，计 30 个交易日或时间窗。模拟仍根据需求预报偏差比 α 与获奖概率 p 的不同组合将模拟划分为 35 种情形，α 与 p 的组合与 5.2.4 小节中的一致。对每个交易日，仍产生 30 组随机数，需求估计量也与 5.2.4 小节中的一致。具体到每一组的模拟，根据 5.3.2 小节中分货运作模式与货位分配方法进行。

对于每辆可移动货架的分货批次，按对应客户的货位区间按批次先后到达顺序依次获取该批次对应的货位。然后，根据批次对应货位分布情况计算该可移动货架的行走距离。最后，将 30 组取平均值作为无再分货运作时的分货绩效。

分货绩效指标主要统计行走距离、溢出的客户数、溢出的货位数，以及空间利用率等指标。行走距离仍在分货区形状参数 $M = 18$ 时进行计算，行走距离基准仍以 $M = 18$ 时 FUL 策略的相应距离为准。

5.3.3.2 总体结果及分析

本部分分析了模拟结果的总体情况。首先，分析无再分货运作时行走距离与 FUL 策略的对比情况，表 5 - 10 描述了无再分货运作时

行走距离超出 FUL 策略的比例情况，表 5-11 描述了无再分货策略日均行走距离超出 FUL 策略的比例情况。从表 5-11 中可以看出，当 $\alpha = 0.05$，$p = 0.99$ 时，无再分货运作时行走距离超出 FUL 策略最小，高达 117.89%；而当 $\alpha = 0.25$，$p = 0.70$ 时，无再分货运作时行走距离超出 FUL 策略最大，高达 131.41%。无再分货运作时行走距离平均为 FUL 策略的 2.2 倍。由此可见，由于取消再分货增加分货区的大小，进而导致行走距离大幅度增加。在前面描述的分货策略中，可以发现转移距离占行走距离比重较小，可见无再分货运作策略并非一个好的策略。

表 5-10　　　　　无再分货运作时行走距离与 FUL 策略的对比

情形	FUL	DBS	比例（%）	情形	FUL	DBS	比例（%）
$\alpha = 0.05$, $p = 0.99$	136 412.8	297 224.01	117.89	$\alpha = 0.15$, $p = 0.75$	136 412.8	301 798.49	121.24
$\alpha = 0.05$, $p = 0.95$	136 412.8	297 358.04	117.98	$\alpha = 0.15$, $p = 0.70$	136 412.8	303 028.29	122.14
$\alpha = 0.05$, $p = 0.90$	136 412.8	297 453.46	118.05	$\alpha = 0.20$, $p = 0.99$	136 412.8	298 901.22	119.12
$\alpha = 0.05$, $p = 0.85$	136 412.8	297 593.75	118.16	$\alpha = 0.20$, $p = 0.95$	136 412.8	300 219.57	120.08
$\alpha = 0.05$, $p = 0.80$	136 412.8	297 641.40	118.19	$\alpha = 0.20$, $p = 0.90$	136 412.8	301 225.82	120.82
$\alpha = 0.05$, $p = 0.75$	136 412.8	297 704.41	118.24	$\alpha = 0.20$, $p = 0.85$	136 412.8	302 553.13	121.79
$\alpha = 0.05$, $p = 0.70$	136 412.8	297 839.75	118.34	$\alpha = 0.20$, $p = 0.80$	136 412.8	303 856.54	122.75
$\alpha = 0.10$, $p = 0.99$	136 412.8	297 639.90	118.19	$\alpha = 0.20$, $p = 0.75$	136 412.8	305 908.37	124.25

续表

情形	FUL	DBS	比例 （%）	情形	FUL	DBS	比例 （%）
$\alpha = 0.10$, $p = 0.95$	136 412.8	297 873.05	118.36	$\alpha = 0.20$, $p = 0.70$	136 412.8	307 927.00	125.73
$\alpha = 0.10$, $p = 0.90$	136 412.8	298 279.32	118.66	$\alpha = 0.25$, $p = 0.99$	136 412.8	299 689.84	119.69
$\alpha = 0.10$, $p = 0.85$	136 412.8	298 582.00	118.88	$\alpha = 0.25$, $p = 0.95$	136 412.8	301 690.41	121.16
$\alpha = 0.10$, $p = 0.80$	136 412.8	298 977.24	119.17	$\alpha = 0.25$, $p = 0.90$	136 412.8	303 664.73	122.61
$\alpha = 0.10$, $p = 0.75$	136 412.8	299 214.39	119.34	$\alpha = 0.25$, $p = 0.85$	136 412.8	305 741.30	124.13
$\alpha = 0.10$, $p = 0.70$	136 412.8	299 695.97	119.70	$\alpha = 0.25$, $p = 0.80$	136 412.8	308 080.54	125.84
$\alpha = 0.15$, $p = 0.99$	136 412.8	298 026.02	118.47	$\alpha = 0.25$, $p = 0.75$	136 412.8	311 242.36	128.16
$\alpha = 0.15$, $p = 0.95$	136 412.8	298 757.36	119.01	$\alpha = 0.25$, $p = 0.70$	136 412.8	315 679.47	131.41
$\alpha = 0.15$, $p = 0.90$	136 412.8	299 441.82	119.51	平均值	136 412.8	301 189.79	120.79
$\alpha = 0.15$, $p = 0.85$	136 412.8	300 208.67	120.07	最小值	136 412.8	297 224.01	117.89
$\alpha = 0.15$, $p = 0.80$	136 412.8	300 924.98	120.60	最大值	136 412.8	315 679.47	131.41

表 5 – 11 　　无再分货策略日均行走距离超出 FUL 策略的比例　　单位：%

α	p						
	0.99	0.95	0.9	0.85	0.8	0.75	0.7
0.05	117.89	117.98	118.05	118.16	118.19	118.24	118.34
0.10	118.19	118.36	118.66	118.88	119.17	119.34	119.70

续表

α	p						
	0.99	0.95	0.9	0.85	0.8	0.75	0.7
0.15	118.47	119.01	119.51	120.07	120.60	121.24	122.14
0.20	119.12	120.08	120.82	121.79	122.75	124.25	125.73
0.25	119.69	121.16	122.61	124.13	125.84	128.16	131.41

图 5 - 12 描述了 α 等于 0.05、0.10、0.15、0.20、0.25 时无再分货运作时行走距离超出 FUL 策略的比例随获奖概率 p 的变化情况。从图 5 - 12 中可以看出:

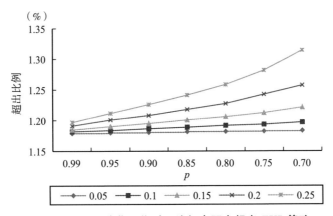

图 5 - 12 无再分货运作时日均行走距离超出 FUL 策略

（1）无再分货运作时行走距离超出 FUL 策略的比例随获奖概率 p 的下降而上升，且上升幅度越来越大。

（2）拍卖市场设定的偏差范围 α 越大，无再分货运作时行走距离超出 FUL 策略的比例越大，且随获奖概率 p 的下降加速增大。

其次，分析无再分货运作时溢出的客户数情况，表 5 - 12 描述了无再分货运作时日均溢出的客户数情况。从表 5 - 12 中可以看出，当

$\alpha = 0.05$，$p = 0.99$ 时，日均溢出的客户数最少，仅为 4.15 人；而当 $\alpha = 0.25$，$p = 0.70$ 时，日均溢出的客户数最多，高达 54.81 人。客户数溢出的越多，分货和提货的难度增加越大。

表 5 - 12	无再分货策略日均溢出的客户数					单位：人

α	p						
	0.99	0.95	0.9	0.85	0.8	0.75	0.7
0.05	4.15	5.88	7.38	8.65	10.06	11.51	13.12
0.10	10.10	14.02	16.96	19.45	21.64	24.52	27.05
0.15	16.29	21.47	25.51	29.00	32.09	35.13	38.10
0.20	22.03	28.16	33.30	36.93	40.71	43.74	47.24
0.25	27.11	34.70	39.81	43.85	47.90	51.64	54.81

图 5 - 13 描述了 α 等于 0.05、0.10、0.15、0.20、0.25 时无再分货运作时溢出的客户数随获奖概率 p 的变化情况。从图 5 - 13 中可以看出：

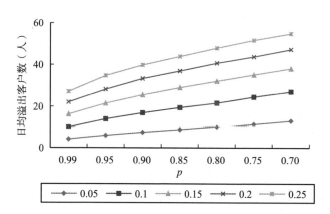

图 5 - 13 无再分货策略日均溢出客户数随获奖概率变化情况

（1）无再分货运作时溢出的客户数随获奖概率 p 的下降而上升，且上升幅度越来越大。

（2）拍卖市场设定的偏差范围 α 越大，溢出的客户数越多，且随获奖概率 p 的下降加速增多。

再次，分析无再分货运作时溢出的货位数情况，表5-13描述了无再分货运作时日均溢出的货位数情况。从表5-13中可以看出，当 $\alpha=0.05$，$p=0.99$ 时，日均溢出的货位数最少，仅为4.16个；而当 $\alpha=0.25$，$p=0.70$ 时，日均溢出的货位数最多，高达66.82个。货位数溢出的越多，溢出区必须加大。

表5-13 无再分货策略日均溢出货位数 单位：个

α	p						
	0.99	0.95	0.9	0.85	0.8	0.75	0.7
0.05	4.16	5.91	7.44	8.73	10.14	11.67	13.33
0.10	10.22	14.30	17.40	20.08	22.46	25.71	28.56
0.15	16.68	22.29	26.85	30.79	34.59	38.42	42.17
0.20	22.84	29.90	36.08	40.73	45.70	49.79	54.90
0.25	28.66	37.69	44.25	49.93	55.65	61.48	66.82

图5-14描述了 α 等于0.05、0.10、0.15、0.20、0.25时无再分货运作时溢出的货位数随获奖概率 p 的变化情况。从图5-14中可以看出：

（1）无再分货运作时溢出的货位数随获奖概率 p 的下降而上升，且上升幅度越来越大。

（2）拍卖市场设定的偏差范围 α 越大，溢出的货位数越多，且随获奖概率 p 的下降加速增多。

根据表 5 - 12 和表 5 - 13，可以算出人均溢出的货位数情况。可以看出，人均溢出的货位数最小约为 1 个，最多约为 1.22 个。

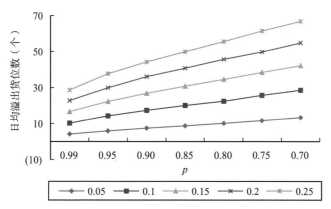

图 5 - 14　无再分货策略日均溢出货位数随获奖概率变化情况

最后，分析无再分货运作时分货区的空间利用率情况，表 5 - 14 描述了无再分货运作时分货区的空间利用率情况。从表 5 - 14 中可以看出，当 $\alpha = 0.05$，$p = 0.99$ 时，分货区的空间利用率最高，为 98.74%；而当 $\alpha = 0.25$，$p = 0.70$ 时，分货区的空间利用率最低，高达 87.44%。

表 5 - 14　　　　　　　无再分货策略日均空间利用率　　　　　　单位：%

α	p						
	0.99	0.95	0.9	0.85	0.8	0.75	0.7
0.05	98.74	98.55	98.38	98.22	98.08	97.90	97.72
0.10	98.06	97.62	97.22	96.87	96.87	96.87	96.87
0.15	97.36	96.63	95.98	95.39	94.83	94.18	93.49
0.20	96.52	95.47	94.59	93.76	92.90	91.90	90.85
0.25	95.75	94.32	93.09	91.94	90.72	89.28	87.44

图 5 - 15 描述了 α 等于 0.05、0.10、0.15、0.20、0.25 时无再分货

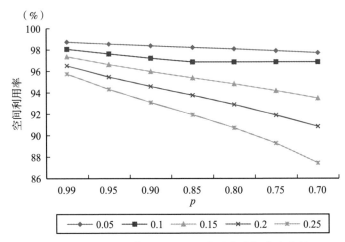

运作时分货区的空间利用率随获奖概率 p 的变化情况。从图 5-15 中可以看出：

图 5-15 无再分货策略空间利用率随获奖概率变化情况

（1）无再分货运作时分货区的空间利用率随获奖概率 p 的下降而下降，且下降幅度越来越大。

（2）拍卖市场设定的偏差范围 α 越大，分货区的空间利用率越低，且随获奖概率 p 的下降加速降低。

进一步将溢出的客户数、溢出的货位数与空间利用率结合起来进行分析，可以发现：溢出的客户数与溢出的货位数随需求预报偏差范围 α 增大而增加，随获奖概率 p 的增大而减少；而空间利用率则是随需求预报偏差范围 α 增大而增加，随获奖概率 p 的增大而增加。这表明当 α、p 较大时，一方面溢出的客户数、溢出的货位数较多，由此导致溢出区大小增加；另一方面空间利用率较低，即分货区中很多货位并未被占用。

从以上分析可以看出，取消再分货运作将导致分货区内的行走距离大幅度增加，且溢出的客户数与溢出的货位数较多，取消再分货运作的分货策略并非是一个好的策略。

5.3.3.3 各交易日结果及分析

本部分进一步分析各交易日无分货运作时分货绩效模拟情况。限于篇幅关系,本部分仅分析各交易日的行走距离变化情况、溢出的客户数情况、溢出的货位数情况等。

首先,分析各交易日无再分货运作时行走距离变化情况,图 5-16(a)、图 5-16(b)、图 5-16(c)、图 5-16(d)、图 5-16(e)分别描述了 α 等于 0.05、0.10、0.15、0.20、0.25 时各交易日无再分货运作时行走距离的变化情况。从图 5-16 中可以看出:

(1)当 α 相等时,p 分别等于 0.99、0.95、0.90、0.85、0.80、0.75、0.70 时,各交易日行走距离变化情况高度相似,且差距较小。当 $\alpha = 0.05$ 时,几乎看不出获奖概率对行走距离的影响,而 $\alpha = 0.25$,能发现不同获奖概率间的行走距离存在差异。

(2)当 α 不同时,图 5-16(a)、图 5-16(b)、图 5-16(c)、图 5-16(d)、图 5-16(e)显示的行走距离变化趋势类似,且行走距离远超 *FUL* 策略。变化趋势类似主要是因为同一交易日内客户到达规律、客户需求完全相同。

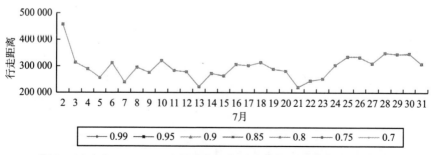

图 5-16 (a) $\alpha = 0.05$ 无再分货运作时各交易日行走距离变化情况

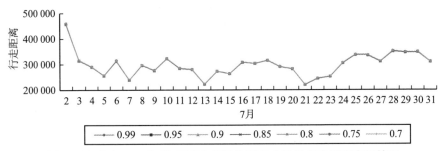

图 5 – 16 （b） $\alpha = 0.10$ 无再分货运作时各交易日行走距离变化情况

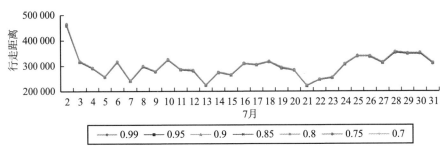

图 5 – 16 （c） $\alpha = 0.15$ 无再分货运作时各交易日行走距离变化情况

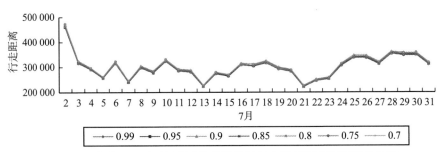

图 5 – 16 （d） $\alpha = 0.20$ 无再分货运作时各交易日行走距离变化情况

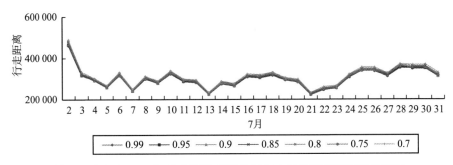

图 5 – 16 （e） $\alpha = 0.25$ 无再分货运作时各交易日行走距离变化情况

其次，分析各交易日无再分货运作时溢出的客户数情况，图 5 - 17
（a）、图 5 - 17（b）、图 5 - 17（c）、图 5 - 17（d）、图 5 - 17（e）分
别描述了 α 等于 0.05、0.10、0.15、0.20、0.25 时各交易日无再分货
运作时溢出客户数的变化情况。从图 5 - 17 中可以看出：

（1）当 α 相等时，p 分别等于 0.99、0.95、0.90、0.85、0.80、
0.75、0.70 时，各交易日溢出客户数的变化情况基本相似，仅存在微
小差别。当 $p = 0.99$ 时，各交易日溢出的客户数最少；当 $p = 0.70$ 时，
各交易日溢出的客户数最多。

（2）当 α 不同时，图 5 - 17（a）、图 5 - 17（b）、图 5 - 17（c）、
图 5 - 17（d）、图 5 - 17（e）显示出各交易日溢出客户数的变化趋
势类似，但溢出的客户数存在明显区别。当 $\alpha = 0.05$ 时，溢出的客
户数最少，而 $\alpha = 0.25$ 时溢出的客户数最多。

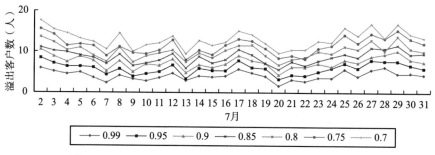

图 5 - 17（a）　$\alpha = 0.05$ 各交易日溢出的客户数变化情况

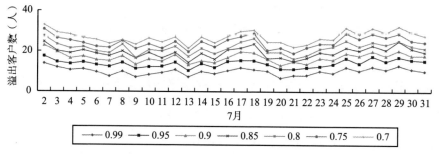

图 5 - 17（b）　$\alpha = 0.10$ 各交易日溢出的客户数变化情况

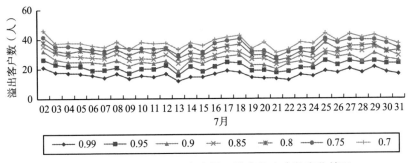

图 5 – 17（c） α = 0.15 各交易日溢出的客户数变化情况

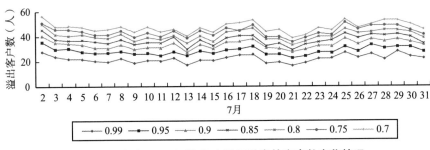

图 5 – 17（d） α = 0.20 各交易日溢出的客户数变化情况

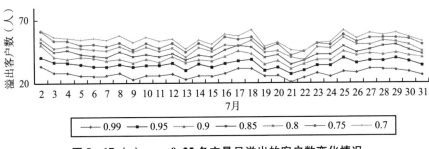

图 5 – 17（e） α = 0.25 各交易日溢出的客户数变化情况

最后，分析各交易日无再分货运作时溢出的货位数情况，图 5 – 18（a）、图 5 – 18（b）、图 5 – 18（c）、图 5 – 18（d）、图 5 – 18（e）分别描述了 α 等于 0.05、0.10、0.15、0.20、0.25

时各交易日无再分货运作时溢出货位数的变化情况。从图 5 – 18 中可以看出：

（1）当 α 相等时，p 分别等于 0.99、0.95、0.90、0.85、0.80、0.75、0.70 时，各交易日溢出货位数的变化情况基本相似，仅存在微小差别。当 $p = 0.99$ 时，各交易日溢出的货位数最少；当 $p = 0.70$ 时，各交易日溢出的货位数最多。

（2）当 α 不同时，图 5 – 18（a）、图 5 – 18（b）、图 5 – 18（c）、图 5 – 18（d）、图 5 – 18（e）显示出各交易日溢出货位数的变化趋势类似，但溢出的货位数存在明显区别。当 $\alpha = 0.05$ 时，溢出的货位数最少，而 $\alpha = 0.25$ 时溢出的货位数最多。

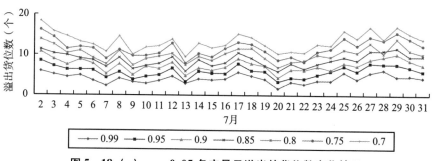

图 5 – 18（a） $\alpha = 0.05$ 各交易日溢出的货位数变化情况

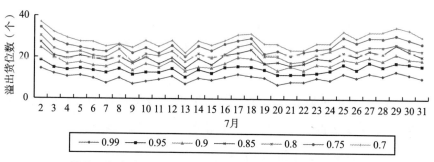

图 5 – 18（b） $\alpha = 0.10$ 各交易日溢出的货位数变化情况

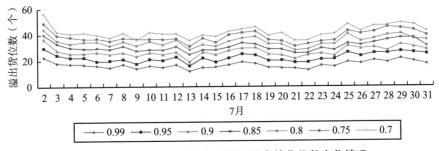

图 5 – 18 （c） $\alpha = 0.15$ 各交易日溢出的货位数变化情况

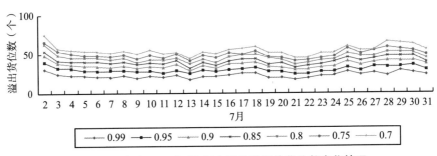

图 5 – 18 （d） $\alpha = 0.20$ 各交易日溢出的货位数变化情况

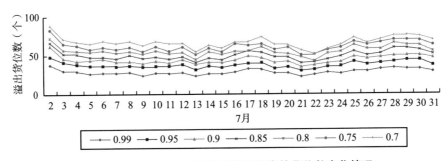

图 5 – 18 （e） $\alpha = 0.25$ 各交易日溢出的货位数变化情况

从以上分析可以看出，各交易日取消再分货运作的分货距离、溢出客户数与溢出的客户数与交易量相关。当交易量越大时，取消再分货运作时的分货距离超出 *FUL* 策略越多，且溢出的客户数与溢出的货位数越多。

5.4　再分货货位分配方法与运作策略

本节讨论保留再分货时再分货的运作策略与再分货区的货位分配方法。首先，对再分货运作进行简要描述；其次，讨论了再分货区货位直接分配策略及其绩效指标；再次，描述并讨论了再分货区货位配对分配策略及其绩效指标；最后，对上述两种再分货策略进行模拟，并比较分析两者的绩效差异。

5.4.1　再分货区运作简述

根据 5.3 节的分析，尽管无再分货运作取消了再分货运作，但导致行走距离大幅度增加。为此，本节继续讨论存在再分货运作时，再分货运作策略与货位分配方法。即分货区的货位分配按 5.2 节中 *DBS* 策略进行分配，当客户需求数量超出货位容量后进行再分货处理。在前面几章中，本书仅讨论了分货区的分货绩效问题，主要原因是当再分货策略相同时，各种分货策略再分货绩效将相同。

在无信息或部分信息时，由于客户需求的不确定性，导致无法为客户配置合适的再分货区大小，且再分货将是一迭代问题。而根据 5.2 节的方法，在获得客户需求估计量后，则可以根据客户的需求估计量来确定再分货区大小。

因再分货区大小可能影响再分货时的行走距离，为此得想办法减少再分货区的大小。首先，尽量利用分货区来减少再分货区的大小，即客户的最后一辆可移动货架仍保留在分货区。提货开始后按以下原则进行提货：先从分货区取出某客户的最后一辆可移动货架，若客户再分货区有可移动货架，则将再分货区的所有可移动货架一并取出。该提货流程在现有信息条件下很容易实现。其次，再分货区按块进行切分，即根据客户的需求估计量来确定块的大小，一个块可以容纳多个可移动货架，尽量减少再分货区的面积。再分货区应尽量靠近分货区，客户需求估计量越大的，其块应尽量靠近再分货区的 I/O 点，图 5-19 给出再分货区位置的一个实例。

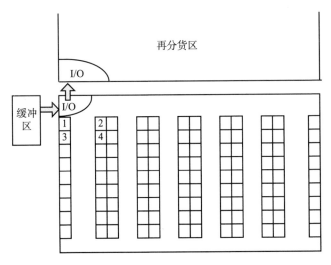

图 5-19　再分货区位置示例

对于再分货区中块的位置、大小、布局与切分问题，与再分货区中的货位分配策略有关。再分货区中最简单、最直接的货位分配算法是直接按客户的需求估计量计算块的大小，并按大小顺序依次划分并分配块，本书称之为再分货区货位直接分配策略，详见 5.4.2 小节。本书创新性地提出再分货区货位分配的另一种策略，称为再分货区货位配对分配策略，详见 5.4.3 小节。

5.4.2　再分货区货位直接分配策略

假设某时间窗分货前 I 个客户的需求估计量分别为 $\tilde{F}_1$，$\tilde{F}_2$，…，$\tilde{F}_i$，…，$\tilde{F}_I$，对 $\tilde{F}_i$ 按大小进行排序，分别为 $\tilde{F}_{(1)}$，$\tilde{F}_{(2)}$，…，$\tilde{F}_{(i)}$，…，$\tilde{F}_{(I)}$。假设在 $\tilde{F}_{(I'')}$ 之后的都不需再分货，即 $\tilde{F}_{(I''+1)},\cdots,\tilde{F}_{(I)} \leqslant q_0$。根据 5.4.1 节的描述，凡需求预估量大于可移动货架容量 q_0 的，都将在再分货区分配一个块，即前 $\tilde{F}_{(1)}$，$\tilde{F}_{(2)}$，…，$\tilde{F}_{(i')}$，…，$\tilde{F}_{(I'')}$ 都将在再分货区分配一个块，块的大小分别为 $\lfloor \tilde{F}_{(1)}/q_0 \rfloor$，$\lfloor \tilde{F}_{(2)}/q_0 \rfloor$，…，$\lfloor \tilde{F}_{(i')}/q_0 \rfloor$，…，$\lfloor \tilde{F}_{(I'')}/q_0 \rfloor$ 个货位。同样地，考虑到客户需求的不确定性，在进行再分货区设计时必须配置溢出区，用于存放需求所需的货位数大于实际需要的货位数的情形。

再分货时，对于每个客户到达的可移动货架，按 $FCFS$ 原则依次在其块的货位上摆放，直至再分货结束。再分货过程中，若某购买商对应块的货位数不足，即 $\lfloor D_{(i')}/q_0 \rfloor > \lfloor \tilde{F}_{(i')}/q_0 \rfloor$，则在多出的可移动货架放置于溢出区，如图 5-20 所示。即再分货区由两部分构成：一是摆放区，摆放区按客户所需的货位数切分成很多块，每位客户对应一个块，用于存放客户再分货的可移动货架；二是溢出区，当客户实际到达的可移动货架数超出其对应块的容量时，用于摆放其新到达的可移动货架。

由于再分货区一般为规整的矩形仓库，且可移动货架为长宽相等的正方形。对于同一客户的存储块，可能存在多种组合方式，由此导致存在很多种块的形状。如某客户根据其需求估计量共需 14 个货位，则容纳该 14 个货位的存储块可能有很多形状，图 5-21 给出了 5 种 14 个货位的形状。从图 5-21 中可以看出，块的形状对再分货区的空间利用率有很大影响。

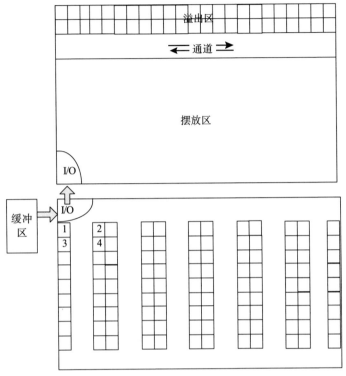

图 5 - 20   再分货区的溢出区位置示例

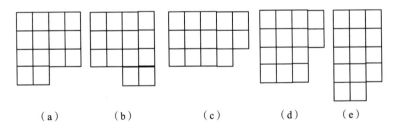

（a）　　　（b）　　　　（c）　　　　（d）　　　（e）

图 5 - 21   有 14 个货位几个存储块形状示例

另外，凡需求预估量大于可移动货架容量 q_0 的客户，其块的大小也不同。在已知块的大小分别为 $\lceil \tilde{F}_{(1)}/q_0 \rceil$，$\lceil \tilde{F}_{(2)}/q_0 \rceil$，…，$\lceil \tilde{F}_{(i')}/q_0 \rceil$，…，$\lceil \tilde{F}_{(I'')}/q_0 \rceil$ 情况下，按照块的大小依次划分，使块

越大的客户，其在再分货区的位置越靠近再分货区的 I/O 点，将使再分货距离变小。但也招致另外两个难题：一是对上述块如何进行摆放，以使再分货区的空间利用率最大；二是在块存在着无数种形状的前提下，如何规划通道，使再分货通道不易堵塞且空间利用率较大。因此，通道规划、块的形状、块的摆放是一复杂的 NP – hard 问题。

在研究再分货区货位直接分配策略的绩效时，本书并不考虑再分货区的通道规划、块的形状、块的摆放等问题。仅考虑根据需求预估量确定块的大小后，进行直接分配产生的相关绩效指标问题，主要包括以下绩效指标：

（1）实际需要的货位数（number of demand blocks for direct redistribution，DB_{DR}），指客户的真实需求在再分货区所需的货位数。假设客户 i 的需求量 D_i，则 I 个客户实际需要的货位数为：

$$DB_{DR} = \sum_{i=1}^{I} \left\lceil \frac{D_i}{q_0} \right\rceil \qquad (5-27)$$

（2）实际分配的货位数（number of allocation blocks for direct redistribution，AB_{DR}），指根据客户需求预报量所产生的估计量在再分货区分配的货位数。假设客户 i 的需求预报量 F_i，根据客户 i 的 A_i/F_i 比值的概率分配、需求预测偏差 α 则可得客户需求估计量 $\tilde{F}_i$，则 I 个客户在再分货区实际分配的货位数为：

$$AB_{DR} = \sum_{i=1}^{I} \left\lceil \frac{\tilde{F}_i}{q_0} \right\rceil \qquad (5-28)$$

（3）溢出的货位数（number of exceeding blocks for direct redistribution，EB_{DR}），指再分货区，客户实际需要的货位数超出客户实际分配的货位数的那部分值。即：

$$EB_{NR} = \sum_{i=1}^{I} \left(\left\lceil \frac{D_i}{q_0} \right\rceil - \left\lceil \frac{\tilde{F}_i}{q_0} \right\rceil \right)^{+} \qquad (5-29)$$

（4）实际使用的货位数（number of used blocks for direct redistribution，UB_{DR}），指再分货区中实际被占用的货位数。当客户实际需要的货位数大于实际分配的货位数，其实际使用的货位数为客户实际分配的货位数；当客户实际需要的货位数小于实际分配的货位数，其实际使用的货位数为客户实际需要的货位数，即二者的极小值：

$$UB_{DR} = \sum_{i=1}^{I} \min\left\{\left\lceil \frac{D_i}{q_0} \right\rceil, \left\lceil \frac{\widetilde{F}_i}{q_0} \right\rceil\right\} \qquad (5-30)$$

（5）溢出的客户数（number of exceeding customers for direct redistribution，EC_{DR}），指再分货区中货位不够的客户数。用 $0 \sim 1$ 变量 E_i^{DR} 标识客户 i 实际分配的货位数是否足够，即：

$$E_i^{DR} = \begin{cases} 1, & \left\lceil \dfrac{D_i}{q_0} \right\rceil > \left\lceil \dfrac{\widetilde{F}_i}{q_0} \right\rceil \\ 0, & \text{Otherwise} \end{cases} \qquad (5-31)$$

则：

$$EC_{DR} = \sum_{i=1}^{I} E_i^{DR} \qquad (5-32)$$

5.4.3 再分货区货位配对分配策略

针对再分货区货位直接分配面临的难题，本书创新性地提出再分货区货位配对分配策略。所谓再分货区货位配对分配策略，首先将客户按需求估计量大小排序，然后将不满足配对条件的客户剔除，剩余客户按条件分成几个组；对于每个组，将组内需求估计量最大的与需求估计量最小的客户进行配对，从而共享一个块的货位配对分配策略。

因此，再分货区的布局包括三部分：溢出区、非配对区、配对区，如图 5-22 所示。溢出区用于存放两类客户的可移动货架：一是用于存放再分货区中块容量不够的客户，即 $\left\lfloor \dfrac{D_i}{q_0} \right\rfloor > \left\lfloor \dfrac{\tilde{F}_i}{q_0} \right\rfloor$ 的客户；二是用于存放分货区中货位容量不够的客户，即 $\left\lfloor \dfrac{D_i}{q_0} \right\rfloor \geqslant 1$ 且 $\left\lfloor \dfrac{\tilde{F}_i}{q_0} \right\rfloor = 0$ 的客户。非配对区用于存放不满足配对条件的客户，这类客户一般需求较大，很难和其他客户配对而共享一个块。配对区用于存放满足两两配对条件的客户，在配对区每两个客户共用一个块。

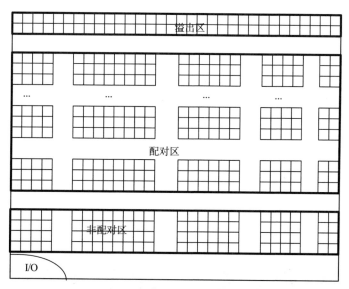

图 5-22　再分货区货位配对分配策略下的布局

下面结合某拍卖市场的实例，具体描述再分货区货位配对分配策略的基本思路，表 5-15 描述了该拍卖市场客户需求分布情况。假设某时间窗分货前 I 个客户的需求估计量分别为 $\tilde{F}_1$，$\tilde{F}_2$，$\cdots$，$\tilde{F}_i$，$\cdots$，$\tilde{F}_I$，对 $\tilde{F}_i$ 按大小进行排序，分别为 $\tilde{F}_{(1)}$，$\tilde{F}_{(2)}$，$\cdots$，$\tilde{F}_{(i)}$，$\cdots$，$\tilde{F}_{(I)}$。假设在 $\tilde{F}_{(I'')}$ 之后的都不需再分货，即 $\tilde{F}_{(I''+1)}, \cdots, \tilde{F}_{(I)} \leqslant q_0$。对该拍卖市

场而言，凡需求预估量 $\lfloor \tilde{F}_{(i)}/q_0 \rfloor = 1$ 的，将在再分货区分配一个块，但不进行配对。凡需求预估量 $\lfloor \tilde{F}_{(i)}/q_0 \rfloor = 0$ 的，将不在再分货区分配块，若实际需求量超过 18 桶，其可移动货架将放置于再分货区的溢出区，如图 5 - 22 所示。

表 5 - 15　　　　　　　　样本期客户的需求分布统计[*]

日平均购买量（桶）	客户数（人）	比例（%）	累计比（%）	总购买量（桶）	比例（%）	累计比（%）
$\bar{q} > 216$	2	0.35	0.35	63 494	3.43	3.43
$198 < \bar{q} \leqslant 216$	3	0.53	0.88	55 451	2.99	6.42
$180 < \bar{q} \leqslant 198$	1	0.18	1.06	16 162	0.87	7.29
$162 < \bar{q} \leqslant 180$	2	0.35	1.41	18 887	1.02	8.31
$144 < \bar{q} \leqslant 162$	7	1.23	2.65	89 563	4.83	13.14
$126 < \bar{q} \leqslant 144$	17	3.00	5.64	179 664	9.70	22.84
$108 < \bar{q} \leqslant 126$	19	3.35	8.99	160 325	8.65	31.49
$90 < \bar{q} \leqslant 108$	39	6.88	15.87	251 278	13.56	45.05
$72 < \bar{q} \leqslant 90$	55	9.70	25.57	301 410	16.27	61.32
$54 < \bar{q} \leqslant 72$	53	9.35	34.92	186 617	10.07	71.39
$36 < \bar{q} \leqslant 54$	128	22.57	57.50	297 828	16.07	87.46
$18 < \bar{q} \leqslant 36$	169	29.81	87.30	209 608	11.31	98.77
$0 < \bar{q} \leqslant 18$	72	12.70	100.00	22 768	1.23	100.00
合计	567	100.00		1 853 055	100.00	

＊：该表与表 4 - 2 相同。

开始实施再分货区货位配对分配策略后，首先剔除不满足配对条件的客户。假设需求预报量前 $I'-1$ 的客户都不满足配对条件，则将该部分客户剔除。如根据表 5 – 15 中客户需求量分布，可以发现需求量大于 144 桶的客户，数量较少且分布极不均匀，无法进行配对。则在实施再分货区货位配对分配策略时，首先剔除 $\lfloor \tilde{F}_{(i)}/q_0 \rfloor > 8$ 的客户，即客户 $\tilde{F}_{(1)}$, $\cdots$, $\tilde{F}_{(I'-1)}$。对于该类客户，其可移动货架摆放在非配对区，如图 5 – 22 所示。在非配对区，仍按块进行分配，如每 8 个货位属于一个客户，如图 5 – 23 所示，灰色区域为 $\tilde{F}_{(1)}$ 客户所在的块，白色区域为 $\tilde{F}_{(2)}$ 客户所在的块。当该客户的 8 个货位都满时，则对该客户的 SKUs 进行转移，实践中可实现多次提货，这样即可以减少再分货区的大小，又可提高需求量大的客户的提货速度。

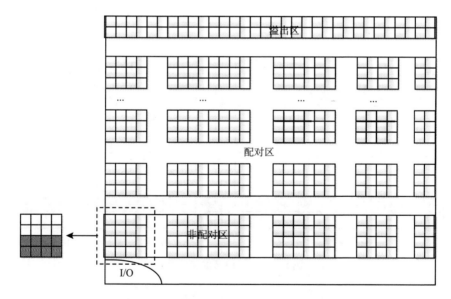

图 5 – 23　再分货区非配对区的货位分配

接下来，对 $\tilde{F}_{(I')}$, $\cdots$, $\tilde{F}_{(I'')}$ 之间的客户，划分为多个组。不失一般性，假设划分为两个组：$\tilde{F}_{(I')}$, $\cdots$, $\tilde{F}_{(l')}$ 为一个组，$\tilde{F}_{(l'+1)}$, $\cdots$,

$\tilde{F}_{(I'')}$ 为第二个组。对于一个组，依次将 $\tilde{F}_{(I')}$ 与 $\tilde{F}_{(I')}$、$\tilde{F}_{(I'+1)}$ 与 $\tilde{F}_{(I'-1)}$、$\tilde{F}_{(I'+2)}$ 与 $\tilde{F}_{(I'-2)}$、…进行配对，直至配对完毕，且分别在再分货区共享一个货位。对于第二个组，依次将 $\tilde{F}_{(I'+1)}$ 与 $\tilde{F}_{(I'')}$、$\tilde{F}_{(I'+2)}$ 与 $\tilde{F}_{(I''-1)}$、$\tilde{F}_{(I'+3)}$ 与 $\tilde{F}_{(I''-2)}$…进行配对，直至配对完毕，且分别在再分货区共享一个货位。

以该拍卖市场为例，可以将客户划分为两组：第一组的需求预估量满足 $4 < \lfloor \tilde{F}_{(i)}/q_0 \rfloor \leq 8$；第二组的需求预估量满足 $2 < \lfloor \tilde{F}_{(i)}/q_0 \rfloor \leq 4$。凡需求预报量在 72~144 桶之间的，根据需求预报量的排序进行首尾配对，共享 12 个货位，如图 5 – 24（a）所示，灰色部分由客户 $\tilde{F}_{(I')}$ 与 $\tilde{F}_{(I')}$ 共享。凡需求预报量在 36~72 桶之间的，根据需求预报量的排序进行首尾配对，共享 6 个货位，如图 5 – 24（b）所示，灰色部分由客户 $\tilde{F}_{(I'+1)}$ 与 $\tilde{F}_{(I'')}$ 共享。

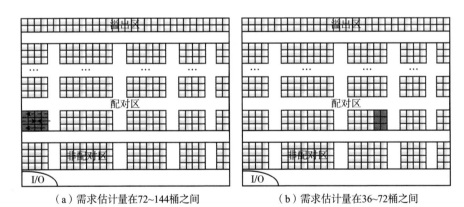

（a）需求估计量在72~144桶之间　　　　（b）需求估计量在36~72桶之间

图 5 – 24　配对区的货位共享

下面以第一组为例，描述再分货运作的货位分配过程。再分货过程中，对于客户 $\tilde{F}_{(I')}$，其再分货的可移动货架按 5 – 24（a）实线箭头、按照 $FCFS$ 的原则依次分配货位；对于 $\tilde{F}_{(I')}$，其再分货的可移动货架按图 5 – 24（a）虚线箭头、按照 *FCFS* 的原则依次分配货位；即分别由 $\tilde{F}_{(I')}$ 与 $\tilde{F}_{(I')}$ 客户的可移动货架由两端向中间挤。

两两配对的过程中，当 $I^l - I' + 1$ 或 $I'' - I^l$ 为偶数时，可保证所有客户两两配对成功。而当 $I^l - I' + 1$ 或 $I'' - I^l$ 为奇数时，则最中间的那个客户无法配对成功。因为处于配对的最后，此时为其单独分配 4 个或 2 个货位即可。

在再分货区货位直接分配策略的绩效时，本书并不考虑再分货区的通道规划、块的形状、块的摆放等问题。仅考虑根据需求预估量确定块的大小后，进行直接分配产生的相关绩效指标问题，主要包括以下绩效指标：

（1）实际需要的货位数（number of demand blocks for pairing redistribution，DB_{PR}），指客户的真实需求在再分货区所需的货位数。假设客户 i 的需求量 D_i，定义 D'_i：

$$D'_i = \begin{cases} L, & \left\lceil \dfrac{D_i}{q_0} \right\rceil \geqslant L \\ \\ 0, & \text{Otherwise} \end{cases} \qquad (5-33)$$

L 为无法配对客户的货位数阈值，则 I 个客户实际需要的货位数为：

$$DB_{PR} = \sum_{i=1}^{I} D'_i \qquad (5-34)$$

（2）实际分配的货位数（number of allocation blocks for pairing redistribution，AB_{PR}），指根据客户需求预报量所产生的估计量在再分货区分配的货位数。假设客户 i 的需求预报量 F_i，根据客户 i 的 A_i / F_i 比值的概率分配、需求预测偏差 α 则可得客户需求估计量 $\tilde{F}_i$，定义 $\tilde{F}'_i$：

$$\tilde{F}'_i = \begin{cases} L, & \left\lceil \dfrac{\tilde{F}_i}{q_0} \right\rceil \geqslant L \\ 0, & \text{Otherwise} \end{cases} \qquad (5-35)$$

则 I 个客户在再分货区实际分配的货位数为：

$$AB_{PR} = \sum_{i=1}^{I} \tilde{F}'_i \qquad (5-36)$$

（3）溢出的货位数（number of exceeding blocks for pairing redistribution, EB_{PR}），指再分货区，客户实际需要的货位数超出客户实际分配的货位数的那部分值。即：

$$EB_{PR} = \sum_{i=1}^{I} (D'_i - \tilde{F}'_i)^+ \qquad (5-37)$$

（4）实际使用的货位数（number of used blocks for pairing redistribution, UB_{PR}），指再分货区中实际被占用的货位数。当客户实际需要的货位数大于实际分配的货位数，其实际使用的货位数为客户实际分配的货位数；当客户实际需要的货位数小于实际分配的货位数，其实际使用的货位数为客户实际需要的货位数，即二者的极小值：

$$UB_{DR} = \sum_{i=1}^{I} \min\{D'_i, \tilde{F}'_i\} \qquad (5-38)$$

（5）溢出的客户数（number of exceeding customers for pairing redistribution, EC_{PR}），指再分货区中货位不够的客户数。用 $0 \sim 1$ 变量 E_i^{PR} 标识客户 i 实际分配的货位数是否足够，即：

$$E_i^{PR} = \begin{cases} 1, & D'_i > \tilde{F}'_i \\ 0, & \text{Otherwise} \end{cases} \qquad (5-39)$$

则：

$$EC_{PR} = \sum_{i=1}^{I} E_i^{PR} \qquad (5-40)$$

5.4.4　模拟结果及分析

本部分仍采用相同案例的相同数据，对再分货区直接货位分配策略与货位配对分配策略的分货绩效进行模拟。首先，对模拟进行简要说明。其次，分别比较溢出的客户数情况、溢出的货位数情况，对模拟结果进行说明和分析。

5.4.4.1　模拟说明

模拟数据仍采用某拍卖市场的实际交易数据，模拟期仍为 7 月 2 ~ 31 日，计 30 个交易日或时间窗。模拟仍根据需求预报偏差比 α 与获奖概率 p 的不同组合将模拟划分为 35 种情形，α 与 p 的组合与 5.2.4.1 节中的一致。对每个交易日，仍产生 30 组随机数，需求估计量也与 5.2.4.1 节中的一致。具体到每一组的模拟，对于直接货位分配策略，根据 5.4.2 节中直接分货模式与直接分配方法进行；对于货位配对分配策略，根据 5.4.3 节中配对分货模式与配对分配方法进行。

分货绩效指标主要包括溢出的客户数与溢出的货位数。对于直接货位分配策略，其分货指标包括实际需要的货位数（DB_{DR}）、实际分配的货位数（AB_{DR}）、溢出的货位数（EB_{DR}）、实际使用的货位数（UB_{DR}）、溢出的客户数（EC_{DR}）。

对于货位配对分配策略，$\lfloor \tilde{F}_{(i)}/q_0 \rfloor > 8$ 的客户，直接在非配对区分配 8 个货位，当 8 个货位满时，可移动货架进行转移至客户的分销中心。配对区分两组，一组的需求预估量满足 $4 < \lfloor \tilde{F}_{(i)}/q_0 \rfloor \le 8$；另一组的需求预估量满足 $2 < \lfloor \tilde{F}_{(i)}/q_0 \rfloor \le 4$。对于 $\lfloor \tilde{F}_{(i)}/q_0 \rfloor = 1$ 的客

户，在再分货区直接分配 2 个货位。对于 $\lfloor \tilde{F}_{(i)}/q_0 \rfloor = 0$ 的客户，在再分货区中不分配货位。配对货位分配策略的分货绩效指标包括实际需要的货位数（DB_{PR}）、实际分配的货位数（AB_{PR}）、溢出的货位数（EB_{PR}）、实际使用的货位数（UB_{PR}）、溢出的客户数（EC_{PR}）。

5.4.4.2 溢出的客户数对比情况

本部分分析直接货位分配策略与货位配对分配策略下溢出的客户数情况。首先分析直接货位分配策略下溢出的客户数情况，表 5-16 描述了直接货位分配策略下日均溢出的客户数情况。从表 5-16 中可以看出，当 $\alpha = 0.05$，$p = 0.99$ 时，日均溢出的客户数最少，为 12.62 人；而当 $\alpha = 0.25$，$p = 0.70$ 时，日均溢出的客户数最多，高达 62.44 人。

表 5-16　　　　　　直接货位分配策略日均溢出的客户数　　　　　单位：人

α	p						
	0.99	0.95	0.9	0.85	0.8	0.75	0.7
0.05	12.62	14.32	15.85	17.19	18.66	19.92	21.62
0.10	18.58	22.53	25.41	27.77	30.12	32.76	35.46
0.15	24.81	29.88	33.81	37.33	40.32	43.42	46.21
0.20	30.54	36.44	41.48	45.12	48.76	51.69	55.14
0.25	35.43	43.04	47.90	51.78	55.65	59.39	62.44

图 5-25 描述了 α 等于 0.05、0.10、0.15、0.20、0.25 时直接货位分配策略下溢出的客户数随获奖概率 p 的变化情况。从图 5-25 中可以看出：（1）直接货位分配策略下溢出的客户数随获奖概率 p 的下降而上升，但上升幅度趋于变小；（2）拍卖市场设定的偏差范围 α 越大，溢出的客户数越多，且随获奖概率 p 的下降加速增多。

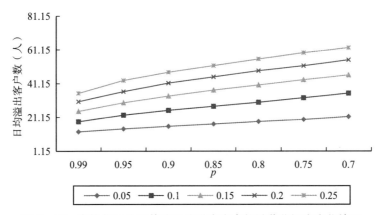

图 5 – 25　直接货位分配策略日均溢出客户数随获奖概率变化情况

　　进一步分析各交易日直接货位分配策略下溢出的客户数的变化情况，图 5 – 26（a）、图 5 – 26（b）、图 5 – 26（c）、图 5 – 26（d）、图 5 – 26（e）分别描述了 α 等于 0.05、0.10、0.15、0.20、0.25 时各交易日直接货位分配策略下溢出客户数的变化情况。从图 5 – 26 中可以看出：

　　（1）当 α 相等时，p 分别等于 0.99、0.95、0.90、0.85、0.80、0.75、0.70 时，各交易日溢出客户数的变化情况基本相似。当 p = 0.99 时，各交易日溢出的客户数最少；当 p = 0.70 时，各交易日溢出的客户数最多。

　　（2）当 α 不同时，图 5 – 26（a）、图 5 – 26（b）、图 5 – 26（c）、图 5 – 26（d）、图 5 – 26（e）显示出各交易日溢出客户数的变化趋势类似，但溢出的客户数存在明显区别。当 α = 0.05 时，溢出的客户数最少，而当 α = 0.25 时溢出的客户数最多。

　　总体而言，直接货位分配策略下溢出的客户数较多。

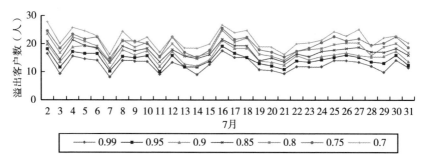

图 5 - 26（a） $\alpha = 0.05$ 各交易日直接货位分配策略溢出的客户数变化情况

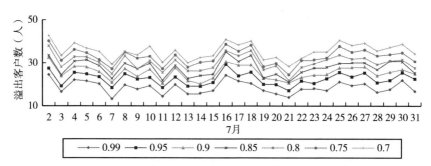

图 5 - 26（b） $\alpha = 0.10$ 各交易日直接货位分配策略溢出的客户数变化情况

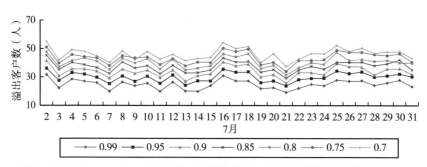

图 5 - 26（c） $\alpha = 0.15$ 各交易日直接货位分配策略溢出的客户数变化情况

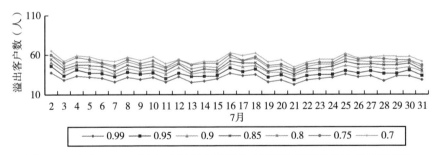

图 5 - 26 （d） $\alpha = 0.20$ 各交易日直接货位分配策略溢出的客户数变化情况

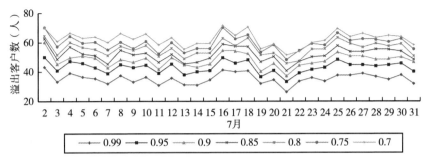

图 5 - 26 （e） $\alpha = 0.25$ 各交易日直接货位分配策略溢出的客户数变化情况

下面分析货位配对分配策略下溢出的客户数情况，表 5 - 17 描述了货位配对分配策略下日均溢出的客户数情况。从表 5 - 17 中可以看出，当 $\alpha = 0.05$，$p = 0.99$ 时，日均溢出的客户数最少，仅为 0.50 人；而当 $\alpha = 0.25$，$p = 0.70$ 时，日均溢出的客户数最多，也仅为 4.17 人。

表 5 - 17　　　　　　配对货位分配策略日均溢出的客户数　　　　单位：人

α	p						
	0.99	0.95	0.9	0.85	0.8	0.75	0.7
0.05	0.50	0.48	0.48	0.46	0.51	0.45	0.45
0.10	0.46	0.45	0.44	0.45	0.49	0.51	0.56
0.15	0.45	0.45	0.54	0.64	0.75	0.98	1.19

α	p						
	0.99	0.95	0.9	0.85	0.8	0.75	0.7
0.20	0.47	0.56	0.85	1.08	1.46	1.94	2.43
0.25	0.57	0.86	1.30	1.89	2.46	3.37	4.17

图 5-27 描述了 α 等于 0.05、0.10、0.15、0.20、0.25 时货位配对分配策略下溢出的客户数随获奖概率 p 的变化情况。从图 5-27 中可以看出：（1）货位配对分配策略下溢出的客户数随获奖概率 p 的下降而上升，但上升幅度趋于变大。（2）拍卖市场设定的偏差范围 α 越大，总体上溢出的客户数越多，且随获奖概率 p 的下降加速增多。（3）$\alpha=0.05$ 与 $\alpha=0.10$ 溢出的客户数基本没有差距；当获奖概率 $p \leqslant 0.85$ 时，$\alpha=0.05$、$\alpha=0.10$、$\alpha=0.15$ 之间几乎没有差距。

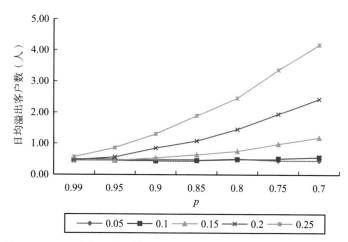

图 5-27　配对货位分配策略日均溢出客户数随获奖概率变化情况

进一步分析各交易日货位配对分配策略下溢出的客户数的变化情况，图 5-28（a）、图 5-28（b）、图 5-28（c）、图 5-28（d）、图 5-28（e）分别描述了 α 等于 0.05、0.10、0.15、0.20、0.25 时各交易日直接货位分配策略下溢出客户数的变化情况。从图 5-28 中可以看出：

（1）当 α 等于 0.15、0.20、0.25 时，p 分别等于 0.99、0.95、0.90、0.85、0.80、0.75、0.70 时，各交易日溢出客户数的变化情况基本相似；且当 $p=0.99$ 时，各交易日溢出的客户数最少，而 $p=0.70$ 时通常情形下各交易日溢出的客户数最多。

（2）当 α 等于 0.05、0.10 时，p 分别等于 0.99、0.95、0.90、0.85、0.80、0.75、0.70 时，各交易日溢出客户数的变化情况看不出趋势，即差异不大。

（3）当 α 等于 0.15、0.20、0.25 时，图 5-28（c）、图 5-28（d）、图 5-28（e）显示出各交易日溢出客户数的变化趋势类似，但溢出的客户数存在较小差别。

（4）当 α 等于 0.05、0.10 时，图 5-28（a）、图 5-28（b）显示出各交易日溢出客户数的变化趋势并不一致，表明此时 α 对溢出的客户数的影响较小。

总体而言，同直接货位分配策略相比较，货位配对分配策略下溢出的客户数要远小于直接货位分配策略。

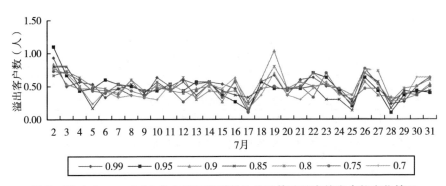

图 5-28（a） $\alpha=0.05$ 各交易日配对货位分配策略溢出的客户数变化情况

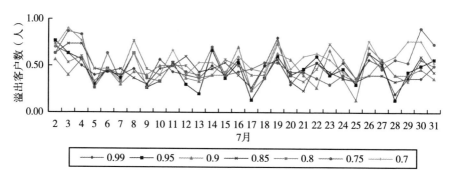

图 5 - 28 （b） $\alpha = 0.10$ 各交易日配对货位分配策略溢出的客户数变化情况

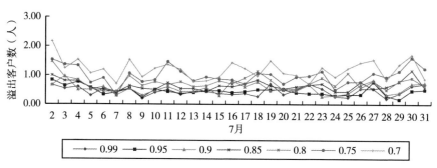

图 5 - 28 （c） $\alpha = 0.15$ 各交易日配对货位分配策略溢出的客户数变化情况

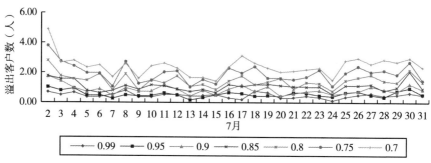

图 5 - 28 （d） $\alpha = 0.20$ 各交易日配对货位分配策略溢出的客户数变化情况

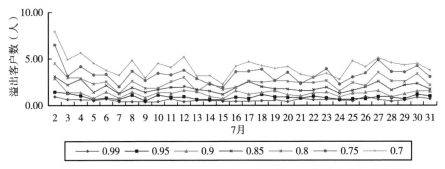

图 5 - 28（e） $\alpha = 0.25$ 各交易日配对货位分配策略溢出的客户数变化情况

5.4.4.3 溢出的货位数对比情况

本部分分析直接货位分配策略与货位配对分配策略下溢出的货位数情况。首先分析直接货位分配策略下溢出的货位数情况，表 5 - 18 描述了直接货位分配策略下日均溢出的货位数情况。从表 5 - 18 中可以看出，当 $\alpha = 0.05$，$p = 0.99$ 时，日均溢出的货位数最少，为 12.63 个；而当 $\alpha = 0.25$，$p = 0.70$ 时，日均溢出的客户数最多，高达 76.15 个。

表 5 - 18　　　　　　　直接货位分配策略日均溢出货位数　　　　单位：个

α	p						
	0.99	0.95	0.9	0.85	0.8	0.75	0.7
0.05	12.63	14.36	15.92	17.29	18.77	20.11	21.86
0.10	18.72	22.85	25.92	28.49	31.06	34.12	37.18
0.15	25.28	30.84	35.29	39.35	43.12	47.06	50.71
0.20	31.45	38.41	44.59	49.37	54.25	58.34	63.51
0.25	37.18	46.40	52.84	58.44	64.15	70.27	76.15

图 5 - 29 描述了 α 等于 0.05、0.10、0.15、0.20、0.25 时直接货位分配策略下溢出的货位数随获奖概率 p 的变化情况。从图 5 - 29

中可以看出：（1）直接货位分配策略下溢出的货位数随获奖概率 p 的下降而上升，但上升幅度趋于变小；（2）拍卖市场设定的偏差范围 α 越大，溢出的货位数越多，且随获奖概率 p 的下降加速增多。

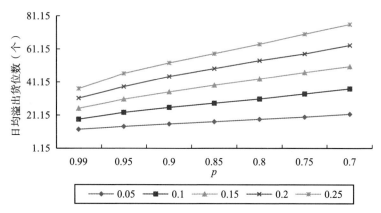

图 5 - 29　直接货位分配策略日均溢出货位数随获奖概率变化情况

　　进一步分析各交易日直接货位分配策略下溢出的货位数的变化情况，图 5 - 30（a）、图 5 - 30（b）、图 5 - 30（c）、图 5 - 30（d）、图 5 - 30（e）分别描述了 α 等于 0.05、0.10、0.15、0.20、0.25 时各交易日直接货位分配策略下溢出货位数的变化情况。从图 5 - 30 中可以看出：

　　（1）当 α 相等时，p 分别等于 0.99、0.95、0.90、0.85、0.80、0.75、0.70 时，各交易日溢出货位数的变化情况基本相似。当 $p =$ 0.99 时，各交易日溢出的货位数最少；当 $p = 0.70$ 时，各交易日溢出的货位数最多。

　　（2）当 α 不同时，图 5 - 30（a）、图 5 - 30（b）、图 5 - 30（c）、图 5 - 30（d）、图 5 - 30（e）显示出各交易日溢出货位数的变化趋势类似，但溢出的货位数存在明显区别。当 $\alpha = 0.05$ 时，溢出的货位数最少，而当 $\alpha = 0.25$ 时溢出的货位数最多。

总体而言，直接货位分配策略下溢出的货位数处于较高水平。

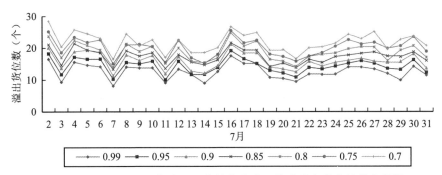

图 5 – 30 （a） $\alpha = 0.05$ 各交易日直接货位分配策略溢出的货位数变化情况

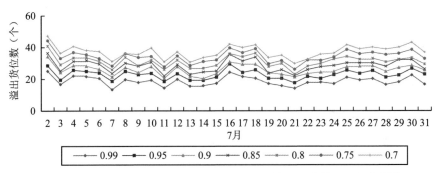

图 5 – 30 （b） $\alpha = 0.10$ 各交易日直接货位分配策略溢出的货位数变化情况

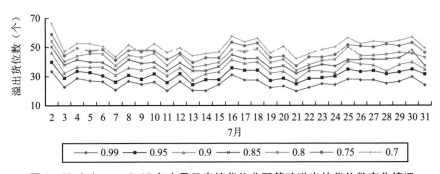

图 5 – 30 （c） $\alpha = 0.15$ 各交易日直接货位分配策略溢出的货位数变化情况

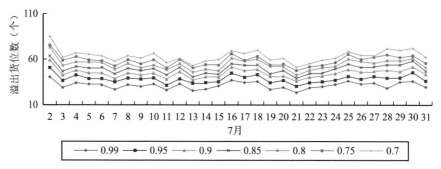

图 5 – 30 （d）　$\alpha = 0.20$ 各交易日直接货位分配策略溢出的货位数变化情况

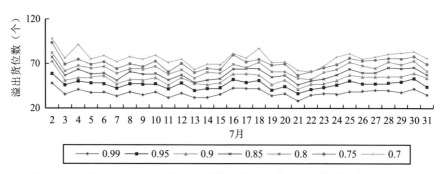

图 5 – 30 （e）　$\alpha = 0.25$ 各交易日直接货位分配策略溢出的货位数变化情况

下面分析货位配对分配策略下溢出的货位数情况，表 5 – 19 描述了货位配对分配策略下日均溢出的货位数情况。从表 5 – 19 中可以看出，日均溢出的货位数最少仅为 0.50 个；而当 $\alpha = 0.25$，$p = 0.70$ 时，日均溢出的货位数最多，也仅为 5.17 个。

表 5 – 19　　　　　　　　配对货位分配策略日均溢出的货位数　　　　　　　单位：个

α	p						
	0.99	0.95	0.9	0.85	0.8	0.75	0.7
0.05	0.50	0.48	0.49	0.46	0.51	0.45	0.46
0.10	0.46	0.46	0.45	0.46	0.51	0.54	0.59
0.15	0.45	0.47	0.56	0.68	0.81	1.08	1.31

α	p						
	0.99	0.95	0.9	0.85	0.8	0.75	0.7
0.20	0.49	0.60	0.93	1.19	1.64	2.21	2.84
0.25	0.60	0.95	1.45	2.15	2.92	4.03	5.17

图 5-31 描述了 α 等于 0.05、0.10、0.15、0.20、0.25 时货位配对分配策略下溢出的货位数随获奖概率 p 的变化情况。从图 5-31 中可以看出：（1）货位配对分配策略下溢出的货位数随获奖概率 p 的下降而上升，但上升幅度趋于变大。（2）拍卖市场设定的偏差范围 α 越大，总体上溢出的货位数越多，且随获奖概率 p 的下降加速增多。（3）$\alpha = 0.05$ 与 $\alpha = 0.10$ 溢出的货位数基本没有差距；当获奖概率 $p \leq 0.85$ 时，$\alpha = 0.05$、$\alpha = 0.10$、$\alpha = 0.15$ 之间几乎没有差距。

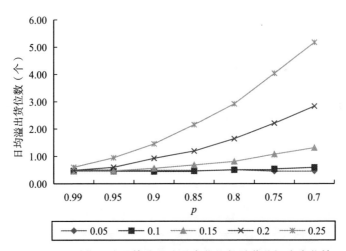

图 5-31 配对货位分配策略日均溢出货位数随获奖概率变化情况

进一步分析各交易日货位配对分配策略下溢出的货位数的变化情况，图 5-32（a）、图 5-32（b）、图 5-32（c）、图 5-32（d）、图 5-32（e）分别描述了 α 等于 0.05、0.10、0.15、0.20、0.25 时各交易日直接货位分配策略下溢出货位数的变化情况。从图 5 – 32 中可以看出：

（1）当 α 等于 0.15、0.20、0.25 时，p 分别等于 0.99、0.95、0.90、0.85、0.80、0.75、0.70 时，各交易日溢出货位数的变化情况基本相似；且当 $p = 0.99$ 时，各交易日溢出的货位数最少，而当 $p = 0.70$ 时通常情形下各交易日溢出的货位数最多。

（2）当 α 等于 0.05、0.10 时，p 分别等于 0.99、0.95、0.90、0.85、0.80、0.75、0.70 时，各交易日溢出货位数的变化情况看不出趋势，即差异不大。

（3）当 α 等于 0.15、0.20、0.25 时，图 5 – 32（c）、图 5 – 32（d）、图 5 – 32（e）显示出各交易日溢出货位数的变化趋势类似，但溢出的货位数存在较小差别。

（4）当 α 等于 0.05、0.10 时，图 5 – 32（a）、图 5 – 32（b）显示出各交易日溢出货位数的变化趋势并不一致，表明此时 α 对溢出的货位数的影响较小。

总体而言，同直接货位分配策略相比较，货位配对分配策略下溢出的货位数要远小于直接货位分配策略。

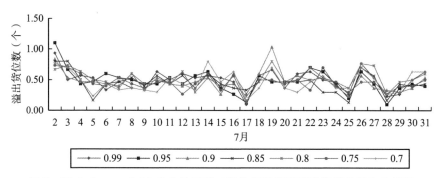

图 5 – 32（a）　$\alpha = 0.05$ 各交易日配对货位分配策略溢出的货位数变化情况

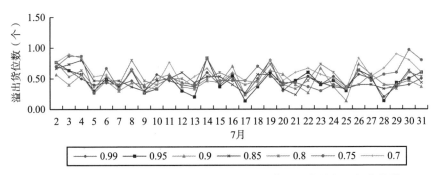

图 5 - 32（b） α = 0.10 各交易日配对货位分配策略溢出的货位数变化情况

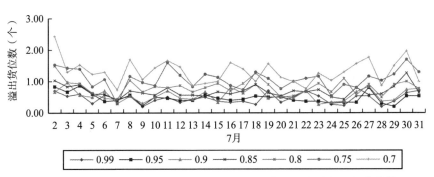

图 5 - 32（c） α = 0.15 各交易日配对货位分配策略溢出的货位数变化情况

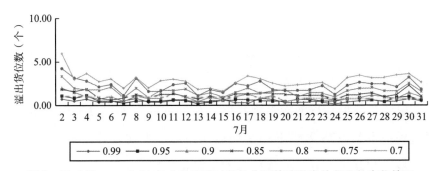

图 5 - 32（d） α = 0.20 各交易日配对货位分配策略溢出的货位数变化情况

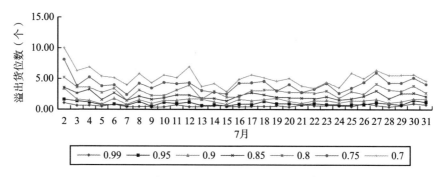

图 5 – 32 （e） $\alpha = 0.25$ 各交易日配对货位分配策略溢出的货位数变化情况

5.5 本 章 小 结

本章围绕客户需求的预测，研究不确定性环境下分货系统的货位分配策略。采用昆明国际花卉拍卖中心实际交易数据，分析在分货区中给客户分配一个存储块时和分配多个存储块时分货系统的绩效。并且以溢出数、溢出概率和空间利用率为绩效衡量指标，分析再分货区中客户的位置分配问题。研究的主要结论包括：

第一，根据客户在分货前提交的需求量预报值，在不同预测偏差下，得到客户当前的需求预估量。通过模拟分析发现，当预测偏差较小时，预测值和实际值的相似度较高。因此，应该制定相应的激励措施，缩小客户的预测偏差。

第二，根据客户的需求预测值，在分货区给客户分配一个货位，通过模拟得到 DBS 策略下的平均运输距离、平均转移距离和平均分货距离。与基于吞吐量的货位分配策略相比较非常接近。受分货区形状参数的影响，甚至有时 DBS 策略的分货绩效超过了 FUL 策略。

第三，根据客户的需求预估量，能在分货区中给客户分配多个货位进而取消再分货，但客户分配多个货位将导致分货区扩大。通过模拟分析发现，尽管无再分货运作时取消了再分货运作，但由于分货区的扩大而导致行走距离将加倍扩大，且其溢出的客户数、溢出的货位数等指标都不理想。

第四，再分货区货位直接分配算法，在再分货区中给再分货客户分配 1 个块。但再分货区的通道规划、块的形状、块的摆放是个难题，且溢出的客户数、溢出的货位数等指标非常不理想。

第五，再分货区货位配对分配算法，通过两个再分货客户共享一个块，降低了客户需求的变动性，且使再分货区的布局设计变得简单。实际模拟的结果表明，溢出的客户数、溢出的货位数等指标都非常低。

第六，总体来看，同时保留分货运作与再分货运作是非常理想的方案，即基于需求预测进行货位分配将大幅提高分货区的分货绩效，在再分货区采用货位配对分配策略，将大幅提高再分货绩效。

第 6 章
总结与展望

6.1 总　　结

6.1.1　主要研究成果

本书的主要研究成果介绍如下：

第一，研究无信息时随机分配和最近空位分配策略对订单分货系统绩效的影响。首先，建立订单分货系统模型，描述订单分货系统流程，给出模型假设，确定行走距离的基准，以吞吐量分配的行走距离为基准。其次，解析求解随机分配的期望行走距离，分析无信息对随机分配的影响，比较最近空位分配和随机分配的期望行走距离。最后，采用某花卉拍卖市场的实际数据，比较最近空位分配、随机分配与基准之间的差异，分析最近空位分配优于随机分配的原因。

第二，研究部分信息时基于类的分配及其改进策略对订单分货系统绩效的影响。首先，采用解析的方法分析基于类的分配的分货绩效，并结合实际案例，模拟比较基于类的分配与最近空位分配、随机分配、吞吐量分配之间的差异。其次，采用解析的方法分析改进的基于类的分配的分货绩效，并结合实际案例，进一步模拟比较改进的基于类的分配策略与基于类的分配、最近空位分配、随机分配、吞吐量分配之间的绩效差异。最后，分别从类的划分准则、类所属区域货位的数量、类的数量等角度，探讨了改进的基于类的货位分配策略的实施问题。

第三，基于 A/F 比值刻画客户需求分布，研究基于需求预测的货位分配与再分货策略对订单分货系统绩效的影响。首先，提出基于需求预测的货位分配策略，描述了需求预测方法与基于需求预测的货位分配策略的实施方法，并结合实际案例，描述了需求预测方法与基于需求预测的货位分配策略的模拟方法与模拟结果，并与吞吐量分配进行比较。其次，提出基于客户需求预测在分货区给客户分配多个货位进而取消再分货运作的分货策略，定义其相关绩效指标，模拟比较了无再分货运作时的分货绩效与基准之间的差异，并分析了其他相关绩效指标情况。最后，讨论了仍保留再分货运作时基于客户需求预测的再分货策略，进而彻底解决再分货迭代问题，提出再分货区货位直接分配策略与配对分配策略及其相关绩效指标，并模拟比较分析了上述两种算法相关绩效指标的对比情况。

6.1.2　主要结论

本书研究采用企业的实际案例数据，采用模拟的方法对不确定性环境下订单分货系统分货绩效的改进进行研究，主要研究结论如下：

第一，解析推导的结果表明，无信息时若客户随机到达，最近空位分配优于随机分配主要受随机分配空位数的影响，且空位数越多，差异越大。实证模拟的结果验证了解析推导的结论，随机分配之间存在随机性差异，当客户并非随机到达时，最近空位分配将优于随机分配更多，且分货区形状将对分货绩效产生较大影响。

第二，解析推导的结果表明，部分信息时基于类的货位分配策略优于随机分配，改进的基于类的分配策略优于最近空位分配。实证模拟的结果验证了解析推导的结论；按照客户需求量准则和概率值准则划分客户、以各类客户的期望数量来进行货位数量决策，以及客户分类由 2 类向 K 类扩展的启发式算法，有利于改进的基于类的分配策略的实施决策，并将提高分货绩效，且随着客户类别数量的增加，分货绩效在不断提高，但增加幅度逐渐降低。

第三，基于 A/F 比值刻画客户需求分布简化了需求预测方法且极具操作性，基于需求预测的货位分配策略受仓库管理者设定的客户需求预报偏差范围，以及客户通过需求预报来获取奖励概率的影响；仓库管理者设定的需求预报偏差范围越小，以及客户期望获奖概率越高，基于需求预测的货位分配策略将越逼近吞吐量分配。

第四，由于客户分配了多个货位导致分货区扩大，进而导致行走距离变长，基于需求预测取消再分货运作的分货策略并非是一个好的策略。同货位直接分配策略相比，保留再分货运作时的再分货区货位配对分配策略，将大幅度提高再分货的各类绩效指标，且有利于再分货区的布局设计。

6.2 研究展望

随着网络零售市场的发展，订单分货系统在实践中将得到广泛应用，但是在国内外的研究中还较为少见。本书研究在订单分货系统的货位分配策略方面取得了一些成果，但还有很多有趣的问题值得进一步研究：

第一，行走距离连续模型的表达与求解。尽管离散模型可能与实际更相似，但离散模型的求解相对困难。连续模型则更容易求解，将有助于设计阶段的决策。好的思路是将这两种模型相结合，既结合仓储实际对离散模型进行模拟，又关注连续模型最优解，将使仓储设计决策与运作决策更具价值。

第二，货位分配策略的进一步组合后的求解与模拟。本书中改进的基于类的分配本质上属于基于类的分配与最近空位分配的组合，还存在很多其他分货策略的组合，如将固定分配与最近空位分配进行组合，即为经常到达的、需求量大的客户在靠近仓库 I/O 处分配一固定货位，其余客户则采用最近空位分配的货位分配策略；又比如，分货区按基于类的分配划分，在每个子区域将固定分配与最近空位分配进行组合，即基于类的分配、固定分配与最近空位分配的策略组合等，上述各种货位分配策略组合的求解与模拟尚需进一步研究。

第三，分货前排序对订单分货系统绩效的影响。本书的研究是根据先到先服务的原则，对 SKUs 进行分货。可以考虑在分货前对 SKUs 进行排序，比如将相连到达的两辆可移动货架上的 SKUs 进行重新排序，这样将使同一辆可移动货架上的 SKUs 更加集中进而减少行走的通道数，也能降低其中一辆可移动货架最远分货点的距离。但分货前排序新增加了 SKUs 的取出放置时间，需要均衡新增 SKUs 的取出放置时间和减少的行走距离。因此，可以进一步研究分货前排序对订单分货系统绩效的影响。

附录 主要伪码算法

1. 最近空位分配算法

```
 1:FOR j =1 to J(the j th trolley)
 2: FOR k =1 to K_j(the k th buyer in the j th trolley)
 3:   get the buyer number of the k th buyer
 4:   get the location number of the k th buyer
 5:   IF the location number is NULL
 6:     IF the distribution area exists empty locations
 7:        allocate the maximal USED location plus 1
           to the k th buyer
 8:     ELSE
 9:        allocate the NULL location to the k th buyer
10:     END IF
11:   END IF
12:   print the notification of the k th buyer
13: END FOR
14:END FOR
```

2. 随机分配算法

```
 1:FOR j =1 to J(the j th trolley)
 2: FOR k =1 to K_j(the k th buyer in the j th trolley)
```

  3: get the buyer number of the k th buyer

  4: get the location number of the k th buyer

  5: IF the location number is NULL

  6:   IF the distribution area exists empty locations

  7:    get the random location in the distribution area

  8:    WHILE the random location USED

  9:     get the random location in the distribution area

10:    END WHILE

11:    allocate the random location to the k th buyer

12:   ELSE

13:    allocate NULL location to the k th buyer

14:   END IF

15: END IF

16: print the notification of the k th buyer

17: END FOR

18: END FOR

3. 吞吐量分配算法

1: FOR j =1 to J(the j th trolley)

2: FOR k =1 to K_j(the k th buyer in the n th trolley)

3: get the buyer number of the k th buyer

4: get the location number of the k th buyer

5: IF the location number is NULL

6:   get the ranking number D_k of the k th buyer's demand in descending order

```
7:    IF the distribution area exists empty locations
8:        allocate the $D_k$ th location to the $k$ th buyer
9:    ELSE
10:        allocate NULL location to the $k$ th buyer
11:    END IF
12:  END IF
13:  print the notification of the $k$ th buyer
14: END FOR
15:END FOR
```

4. 基于类的分配算法

```
1:FOR $j$ =1 to $J$( the $j$ th trolley)
2:  FOR $k$ =1 to $K_j$( the $k$ th buyer in the $j$ th trolley)
3:   get the buyer number of the $k$ th buyer
4:   get the location number of the $k$ th buyer
5:   IF the location number is NULL
6:     get the class of the $k$ th buyer to the current class
7:     IF the current class exist empty locations
8:       get the random location in current class
9:       WHILE the random location USED
10:        get the random location in current class
11:      END WHILE
12:      allocate the random location to the $k$ th buyer
13:    ELSE
14:      get the next class of the current class to
```

the current class

15: WHILE the current class is FULL and NOT the class of the k th buyer

16: get the next class of the current class to the current class

17: END WHILE

18: IF the current class is NOT the class of the k th buyer

19: get the random location in the current class

20: WHILE the random location USED

21: get the random location in the current class

22: END WHILE

23: allocate the random location to the k th buyer

24: ELSE

25: allocate NULL location to the k th buyer

26: END IF

27: END IF

28: END IF

29: print the notification of the k th buyer

30: END FOR

31: END FOR

5. 改进的基于类的分配算法

1: FOR j =1 to J (the j th trolley)

2: FOR k =1 to K_j (the k th buyer in the j th trolley)

3: get the buyer number of the k th buyer

4: get the location number of the k th buyer

5: IF the location number is NULL

6: get the class of the k th buyer to the current class

7: IF the current class exist empty locations

8: allocate the maximal USED location of the current class plus 1 to the k th buyer

9: ELSE

10: get the next class of the current class to the current class

11: WHILE the current class is FULL and NOT the class of the k th buyer

12: get the next class of the current class to the current class

13: END WHILE

14: IF the current class is NOT the class of the k th buyer

15: allocate the maximal USED location of the current class plus 1 to the k th buyer

16: ELSE

17: allocate NULL location to the k th buyer

18: END IF

19: END IF

20: END IF

21: print the notification of the k th buyer

```
22: END FOR
23:END FOR
```

6. 基于需求预测的货位分配算法

```
1:FOR j =1 to J( the j th trolley)
2: FOR k =1 to Kⱼ( the k th buyer in the j th trolley)
3:  get the buyer number of the k th buyer
4:  get the location number of the k th buyer
5:  IF the location number is NULL
6:   get the demand forecast and the A/F value of
     the k th buyer
7:   get the expected demand of the k th buyer
8:   get the ranking number Dₖ of the k th buyer's ex-
     pected demand in descending order
9:    IF the distribution area exists empty locations
10:       allocate the Dₖ th location to the k th buyer
11:    ELSE
12:       allocate NULL location to the k th buyer
13:    END IF
14:  END IF
15: print the notification of the k th buyer
16: END FOR
17:END FOR
```

7. 无再分货时的货位分配算法

```
1:FOR j =1 to J( the j th trolley)
```

2： FOR k =1 to K_j (the k th buyer in the j th trolley)

3： get the buyer number of the k th buyer

4： get the maximal location number of the k th buyer

5： IF the location number is NULL

6： get the demand forecast and the A/F value of the k th buyer

7： get the expected demand of the k th buyer

8： get the required number of locations of the k th buyer

9： get the ranking number D_k of the k th buyer's expected demand in descending order

10： get the sum of required number of locations of the top D_k -1 buyers, S_{D_k-1}

11： IF the distribution area exists empty locations

12： allocate the location S_{D_k-1} plus 1to the k th buyer

13： ELSE

14： allocate NULL location to the k th buyer

15： END IF

16： ELSE

17： IF this location is not the last of the k th buyer

18： get the remaining capacity of this location

19： IF the remaining capacity of this location is not zero

```
20:          IF the remaining capacity of this loca-
             tion is enough
21:              allocate this location to the k th buyer
22:          ELSE
23:              allocate this and next location to
                 the k th buyer
24:          END IF
25:          ELSE
26:              allocate the next location to the k th buyer
27:          END IF
28:      ELSE
29:          allocate this location to the k th buyer
30:      END IF
31:   END IF
32:   print the notification of the k th buyer
33: END FOR
34:END FOR
```

8. 再分货区货位直接分配算法

```
1:FOR j =1 to J( the j th trolley)
2: get the buyer number of the j th full trolley
3: get the block area of the buyer in redistribution area
4: IF the block area is NULL
5:   get the demand forecast and the A/F value of
     the buyer in the j th full trolley
```

6: get the expected demand of the buyer in the j th full trolley

7: get the required number of locations of the buyer in redistribution area

8: allocate the block area with required locations to the buyer

9: ELSE

10: get the block area of the buyer in redistribution area

11: END IF

12: IF the block area exists empty locations

13: allocate the maximal USED location plus 1 to the j th full trolley

14: ELSE

15: allocate the NULL location to the j th full trolley

16: END IF

17: print the notification of the j th full trolley

18: END FOR

9. 再分货区货位配对分配算法

1: FOR $j = 1$ to J (the j th trolley)

2: get the buyer number of the j th full trolley

3: get the block area of the buyer in redistribution area

4: IF the block area is NULL

5:     get the demand forecast and the A/F value of the buyer in the j th full trolley

6:     get the expected demand q of the buyer in the j th full trolley

7:     IF $18 < q \leqslant 36$

8:     allocate a block area with one location to the buyer

9:     ELSE IF $36 < q \leqslant 72$

10:     get the descending order D_k of the buyer's expected demand within $(36, 72]$

11:     get the matched buyer number with ascending order D_k within $(36, 72]$

12:     get the block area of the matched buyer

13:     IF the block area of the matched buyer is NULL

14:     allocate a block area with 6 locations to the buyer

15:     ELSE

16:     allocate the block area of the matched buyer to the buyer

17:     END IF

18:     ELSE IF $72 < q \leqslant 144$

19:     get the descending order D_k of the buyer's expected demand within $(72, 144]$

20:     get the matched buyer number with ascending order D_k within $(72,144]$

21:       get the block area of the matched buyer

22:        IF the block area of the matched buyer is NULL

23:          allocate a block area with 12 locations to the buyer

24:        ELSE

25:          allocate the block area of the matched buyer to the buyer

26:        END IF

27:        ELSE IF $q>144$

28:          allocate a block area with 8 locations to the buyer

29:     END IF

30:   ELSE

31:     get the block area of the buyer in redistribution area

32:   END IF

33:     IF the block area exists empty locations

34:       allocate the maximal USED location plus 1 to the j th full trolley

35:     ELSE

36:       allocate the NULL location to the j th full trolley

37:     END IF

38:   print the notification of the j th full trolley

39: END FOR

参 考 文 献

［1］陈月婷，何芳．基于改进粒子群算法的立体仓库货位分配优化［J］．计算机工程与应用，2008，44（11）：229－231.

［2］丁俊发．中国"十二五"物流业发展的十大进步［J］．中国流通经济，2015，29（12）：1－5.

［3］来有为，李广乾，石光．中国发展电子商务亟须解决的问题与对策建议［J］．学习与探索，2014（8）：98－101.

［4］李小笠，刘桂芝，杨文亮．基于嵌套分区算法的立体仓库货位分配优化［J］．计算机工程与应用，2014，50（2）：242－246.

［5］李珍萍，范欣然，吴凌云．基于"货到人"拣选模式的储位分配问题研究［J］．运筹与管理，2020，29（2）：1－11.

［6］李玥，穆维松，褚晓泉，等．基于改进量子粒子群的K－means聚类算法及其应用［J］．控制与决策，2022，37（4）：839－850.

［7］刘峰，施展，刘莹．自动化立体仓库的货位分配模糊算法研究［J］．上海理工大学学报，2011，33（1）：71－74.

［8］茆诗松，程依明，濮晓龙．概率论与数理统计教程［M］．北京：高等教育出版社，2004：259－261.

［9］穆聪聪，郭敏．基于产品频度与偏离度的货位分配策略研

究 [J]. 物流科技, 2015 (6): 107 - 112.

[10] 黎浩东, 何世伟, 黄树森, 等. 随机仓库布局问题模型与算法研究 [J]. 物流科技, 2008 (7): 7 - 10.

[11] 王娟娟. 电子商务时代的物流发展分析 [J]. 中国流通经济, 2014, 28 (3): 54 - 59.

[12] 王永波, 温佩芝, 李丽芳, 等. 大型仓储拣货路径优化算法研究 [J]. 计算机仿真, 2013 (5): 337 - 340.

[13] 肖建, 郑力. 考虑需求相关性的多巷道仓库货位分配问题 [J]. 计算机集成制造系统, 2008, 14 (12): 2447 - 2451.

[14] 杨朋, 缪立新, 戚铭尧. 多载具自动化存取系统货位分配和拣选路径集成优化 [J]. 清华大学学报 (自然科学版), 2011, 51 (2): 261 - 266.

[15] 杨玮, 傅卫平, 王雯, 等. 基于多色集合和粒子群算法的立体仓库货位分配优化 [J]. 机械科学与技术, 2012, 31 (4): 648 - 655.

[16] 杨玮, 张文燕, 常晏彬. 自动化立体仓库的货位分配优化 [J]. 现代制造工程, 2014 (12): 134 - 140.

[17] 于战果, 邓威, 张尧, 等. 基于 NSGA - II 的维修器材仓库多目标货位分配规划 [J]. 军事交通学院学报, 2015, 17 (11): 54 - 58.

[18] 易艳娟. 配送中心订单分批问题及其求解算法综述 [J]. 中国城市经济, 2011 (23): 291 - 292.

[19] 张立国. 我国物流业转型升级研究综述 [J]. 技术经济与管理研究, 2015 (1): 125 - 128.

[20] 赵雪峰, 炅超, 胡江. 自动化仓储系统不规则货位优化问

题研究 [J]. 计算机工程与应用, 2012, 48 (24): 222 – 230.

[21] 张贻弓, 吴耀华. 双拣货区自动分拣系统品项分配优化 [J]. 机械工程学报, 2009, 45 (11): 152 – 156.

[22] 邹霞, 吴耀华, 夏德龙, 等. 面向 B2C 电商订单的自动小车存取系统动态储位优化 [J]. 计算机集成制造系统, 2019, 25 (2): 500 – 507.

[23] Azadivar F. A simulation optimization approach to optimum storage and retrieval policies in an automated warehousing system [A]. Proceedings of the 16th conference on winter simulation [C]. IEEE Press, 1984: 206 – 214.

[24] Atmaca E, Ozturk A. Defining order picking policy: A storage assignment model and a simulated annealing solution in AS/RS systems [J]. Applied Mathematical Modelling, 2013, 37 (7): 5069 – 5079.

[25] Bahrami B, Aghezzaf E H, Limère, Veronique. Enhancing the order picking process through a new storage assignment strategy in forward-reserve area [J]. International Journal of Production Research, 2019, 57 (21): 6593 – 6614.

[26] Bortolini M, Accorsi R, Gamberi M, et al. Optimal design of AS/RS storage systems with three class based assignment strategy under single and dual command operations [J]. International Journal of Advanced Manufacturing Technology, 2015, 79 (9 – 12): 1747 – 1759.

[27] Bozer Y A, White J A. Travel time models for automated storage/retrieval systems [J]. IIE Transactions, 1984 (16): 329 – 338.

[28] Brynzér H, Johansson M I. Design and performance of kitting and order picking systems [J]. International Journal of Production Econom-

ics, 1995 (41): 115 - 125.

[29] Cachon G. Matching supply with demand: An introduction to operations management [M]. The McGraw Hill Companies, 2004.

[30] Caron F, Marchet G, Perego A. Routing policies and COI based storage policies in picker to part systems [J]. International Journal of Production Research, 1998, 36 (3): 713 - 732.

[31] Caron F, Marchet G, Perego A. Optimal layout in low level picker to part systems [J]. International Journal of Production Research, 2000, 38 (1): 101 - 117.

[32] Chan F T S, Chan H K. Improving the productivity of order picking of a manual pick and multi level rack distribution warehouse through the implementation of class-based storage [J]. Expert Systems with Applications, 2011, 38 (3): 2686 - 2700.

[33] Chen L, Langevin A, Riopel D. The storage location assignment and interleaving problem in an automated storage/retrieval system with shared storage [J]. International Journal of Production Research, 2010, 48 (4): 991 - 1011.

[34] Chew E P, Tang L C. Travel time analysis for general item location assignment in a rectangular warehouse [J]. European Journal of Operational Research, 1999, 112 (3): 582 - 597.

[35] Daniels R L, Rummel J L, Schantz R. A model for warehouse order picking [J]. European Journal of Operational Research, 1998, 105 (1): 1 - 17.

[36] Dekker R, de Koster R, Roodbergen K J, et al. Improving order picking response time at Ankor's warehouse [J]. Interfaces, 2004, 34

(4): 303 – 313.

[37] de Koster R. Performance approximation of pick to belt order picking systems [J]. European Journal of Operational Research, 1994, 72 (3): 558 – 573.

[38] de Koster R, Le – Duc T, Roodbergen K J. Design and control of warehouse order picking: A literature review [J]. European Journal of Operational Research, 2007, 182 (2): 481 – 501.

[39] de Koster R, Van Der Poort E S. Routing order pickers in a warehouse: A comparison between optimal and heuristic solutions [J]. IIE Transactions, 1998, 30 (5): 469 – 480.

[40] de Koster R, Van Der Poort E S, Wolters M. Efficient order batching methods in warehouses [J]. International Journal of Production Research, 1999, 37 (7): 1479 – 1504.

[41] de Koster R, Yu M. Minimizing makespan and throughput times at Aalsmeer flower auction [J]. Journal of the Operational Research Society, 2008, 59 (9): 1182 – 1190.

[42] European Logistics Association and A. T. Kearney. Excellence in Logistics 2004 [R]. Brussels: European Logistics Association, 2004.

[43] Elsayed E A. Algorithms for optimal material handling in automatic warehousing systems [J]. International Journal of Production Research, 1981, 19 (5): 525 – 535.

[44] Elsayed E A, Lee M K, Kim S, et al. Sequencing and batching procedures for minimizing earliness and tardiness penalty of order retrievals [J]. International Journal of Production Research, 1993, 31 (3): 727 – 738.

［45］ Elsayed E A, Lee M K. Order processing in automated storage/retrieval systems with due dates ［J］. International Journal of Production Research, 1996, 28 (7): 567 - 577.

［46］ Elsayed E A, Stern R G. Computerized algorithms for order processing in automated warehousing systems ［J］. International Journal of Production Research, 1983, 21 (4): 579 - 586.

［47］ Elsayed E A, Unal O I. Order batching algorithms and travel time estimation for automated storage/retrieval systems ［J］. International Journal of Production Research, 1989, 27 (7): 1097 - 1114.

［48］ Eynan A, Rosenblatt M J. Establishing zones in single command class based rectangular AS/RS ［J］. IIE Transactions, 1994, 26 (1): 38 - 46.

［49］ Fukunari M, Malmborg C J. A heuristic travel time model for random storage systems using closest open location load dispatching ［J］. International Journal of Production Research, 2008, 46 (8): 2215 - 2228.

［50］ Gagliardi J P, Renaud J, Ruiz A. Models for automated storage and retrieval systems: a literature review ［J］. International Journal of Production Research, 2012a, 50 (50): 7110 - 7125.

［51］ Gagliardi J P, Renaud J, Ruiz A. On storage assignment policies for unit load automated storage and retrieval systems ［J］. International Journal of Production Research, 2012b, 50 (3): 879 - 892.

［52］ Gibson D R, Sharp G P. Order batching procedures ［J］. European Journal of Operational Research, 1992, 58 (1): 57 - 67.

［53］ Goetschalckx M, Ashayeri J. Classification and design of order

picking systems [J]. Logistics Information Management, 1989, 2 (2):
99 – 106.

[54] Goetschalckx M, Ratliff H D. Shared storage policies based on
the duration stay of unit loads [J]. Management Science, 1990, 36 (9):
1120 – 1132.

[55] Graves S C, Hausman W H, Schwarz L B. Storage retrieval in-
terleaving in automatic warehousing systems [J]. Management Science,
1977, 23 (9): 935 – 945.

[56] Gray A E, Karmarkar U S, Seidmann A. Design and operation
of an order consolidation warehouse: Models and applications [J]. Euro-
pean Journal of Operational Research, 1992, 58 (1): 14 – 36.

[57] Gu J X, Goetschalckx M, McGinnis L F. Research on ware-
house operaion: A comprehensive review [J]. European Journal of Opera-
tional Research, 2007, 177 (1): 1 – 21.

[58] Gu J, Goetschalckx M, Mcginnis L F. Research on warehouse
design and performance evaluation: A comprehensive review [J]. Europe-
an Journal of Operational Research, 2010, 203 (3): 539 – 549.

[59] Guenov M, Raeside R. Zone shapes in class based storage and
multicommand order picking when storage/retrieval machines are used [J].
European Journal of Operational Research, 1992, 58 (1): 37 – 47.

[60] Hall R W. Distance approximations for routing manual pickers in
a warehouse [J]. IIE transactions, 1993, 25 (4): 76 – 87.

[61] Hausman W H, Schwarz L B, Graves S C. Optimal storage as-
signment in automatic warehousing systems [J]. Management Science,
1976, 22 (6): 629 – 638.

[62] Hwang H, Baek W, Lee M. Cluster algorithms for order picking in an automated storage and retrieval system [J]. International Journal of Production Research, 1988, 26 (2): 189 – 204.

[63] Hwang H, Lee M K. Order batching algorithms for a man on board automated storage and retrieval system [J]. Engineering Costs & Production Economics, 1988, 13 (4): 285 – 294.

[64] Hwang H, Oh Y H, Lee Y K. An evaluation of routing policies for order picking operations in low level picker to part system [J]. International Journal of Production Research, 2004, 42 (18): 3873 – 3889.

[65] Kallina C, Lynn, J. Application of the cube per order index rule for stock location in a distribution warehouse [J]. Interfaces, 1976, 7 (1): 37 – 46.

[66] Kulturel S, Ozdemirel N E, Sepil C, et al. Experimental investigation of shared storage assignment policies in automated storage/retrieval systems [J]. IIE Transactions, 1999, 31 (8): 739 – 749.

[67] Jane C C. Storage location assignment in a distribution center [J]. International Journal of Physical and Logistics Management, 2000, 30 (1): 55 – 71.

[68] Jane C C, Laih Y W. A clustering algorithm for item assignment in a synchronized zone order picking system [J]. European Journal of Operational Research, 2005, 166 (2): 489 – 496.

[69] Jarvis J M, McDowell E D. Optimal product layout in an order picking warehouse [J]. IIE Transactions, 1991, 23 (1): 93 – 102.

[70] Jewkes E, Lee C, Vickson R. Product location, allocation and server home base location for an order picking line with multiple servers

[J]. Computers & Operations Research, 2004, 31 (4): 623 – 626.

[71] Lee H F, Schaefer S K. Sequencing methods for automated storage and retrieval systems with dedicated storage [J]. Computers & Industrial Engineering, 1997, 32 (2): 351 – 362.

[72] Lee M K, Elsayed E A. Optimization of warehouse storage capacity under a dedicated storage policy [J]. International Journal of Production Research, 2005, 43 (9): 1785 – 1805.

[73] Le – Duc T. Design and control of efficient order picking processes [D]. The Netherlands: RSM Erasmus University, 2005.

[74] Le – Duc T, de Koster R. An approximation for determining the optimal picking batch size for order picker in single aisle warehouses [M]//Meller R, Ogle M K, Peters B A, et al. Progress in Material Handling Research, 2002: 267 – 286.

[75] Le – Duc T, de Koster R. Travel distance estimation and storage zone optimization in a 2 block class based storage strategy warehouse [J]. International Journal of Production Research, 2005a, 43 (17): 3561 – 3581.

[76] Le – Duc T, de Koster R. Layout optimization for class based storage strategy warehouses [M]//de Koster R, Delfmann W. Supply Chain Management – European Perspectives. Copenhagen: CBS Press, 2005b: 191 – 214.

[77] Le – Duc T, de Koster R. Travel time estimation and order batching in a 2 – block warehouse [J]. European Journal of Operational Research, 2007, 176 (1): 374 – 388.

[78] Linn R J, Wysk R. A simulation model for evaluating control al-

gorithms of an automated storage/retrieval system [A]. Proceedings of the 16th conference on winter simulation [C]. IEEE Press, 1984: 330 – 339.

[79] Linn R, Wysk R A. An analysis of control strategies for an automated storage/retrieval system [J]. Infor Information Systems & Operational Research, 1987, 25 (1): 66 – 83.

[80] Lu W, McFarlanea D, Giannikas V, et al. An algorithm for dynamic order-picking in warehouse operations [J]. European Journal of Operational Research, 2016, 248 (1): 107 – 122.

[81] Malmborg C J. Optimization of Cubic per Order Index layouts with zoning constraints [J]. International Journal of Production Research, 1995, 33 (2): 465 – 482.

[82] Malmborg C J. Storage assignment policy tradeoffs [J]. International Journal of Production Research, 1996, 34 (2): 363 – 378.

[83] Malmborg C J, Bhaskaran K. On the optimality of the cube per order index for conventional warehouses with dual command cycles [J]. Material Flow, 1987 (4): 169 – 175.

[84] Malmborg C J, Bhaskaran K. Optimal storage assignment policies for multiaddress warehousing systems [J]. IEEE Transactions on Systems, Man and Cybernetics, 1989, 19 (1): 197 – 204.

[85] Malmborg C J, Bhaskaran K. A revised proof of optimality for the cube per order index rule for stored item location [J]. Applied Mathematical Modelling, 1990, 14 (2): 87 – 95.

[86] Manzini R, Accosi R, Gamberi M. Modeling class based storage assignment over lifecycle picking patterns [J]. International Journal of

Production Economics, 2015, 170: 790 – 800.

[87] Manzini R, Gamberi M, Persona A, et al. Design of a class based storage picker to product order picking system [J]. The International Journal of Advanced Manufacturing Technology, 2007, 32 (7 – 8): 811 – 821.

[88] Mellema P M, Smith C A. Simulation analysis of narrow aisle order selection systems [A]. Proceedings of the 1988 Winter Simulation Conference [C]. San Diego California USA, 1988: 597 – 602.

[89] Muppani V R, Adil G K. A branch and bound algorithm for class based storage location assignment [J]. European Journal of Operational Research, 2008a, 189 (2): 492 – 507.

[90] Muppani V R, Adil G K. Efficient formation of storage classes for warehouse storage location assignment: A simulated annealing approach [J]. Omega, 2008b, 36 (4): 609 – 618.

[91] Pan C H, Liu S Y. A comparative study of order batching algorithms [J]. Omega International Journal of Management Science, 1995, 23 (6): 691 – 700.

[92] Pan C H, Shih P H, Wu M H. Storage assignment problem with travel distance and blocking considerations for a picker to part order picking system [J]. Computers & Industrial Engineering, 2012, 62 (2): 527 – 535.

[93] Parikh P J, Meller R D. A travel time model for a person on-board order picking system [J]. European Journal of Operational Research, 2010, 200 (2): 385 – 394.

[94] Petersen C G. The impact of routing and storage policies on

warehouse efficiency [J]. International Journal of Operations & Production Management, 1999, 19 (10): 1053 – 1064.

[95] Petersen C G. Considerations in order picking zone configuration [J]. International Journal of Operations & Production Management, 2002, 27 (7): 793 – 805.

[96] Petersen C G, Aase G. A comparison of picking, storage, and routing policies in manual order picking [J]. International Journal of Production Economics, 2004, 92 (1): 11 – 19.

[97] Petersen C G, Aase G R, Heiser D R. Improving order picking performance through the implementation of class-based storage [J]. International Journal of Physical Distribution & Logistics Management, 2004, 34 (7): 534 – 544.

[98] Petersen C G, Schmenner R W. An evaluation of routing and volume based storage policies in an order picking operation [J]. Decision Sciences, 1999, 30 (2): 481 – 501.

[99] Qin K D, Yang B J. Storage Allocation Methods, Storage Size and Service Level under Uncertainty in Manual Order picking Systems [A]. International Conference on E – Business and E – Government. [C]. Guangzhou, 2010: 3283 – 3289.

[100] Qin K D, Chen Y H, Ma L J. Cutting down the travel distance of put systems at Kunming International Flower Auction Market [J]. International Journal of Production Research, 2015, 53 (12): 3573 – 3585.

[101] Ratliff H D, Rosenthal A S. Order picking in a rectangular warehouse: a solvable case of the traveling salesman problem [J]. Opera-

tions Research, 1983, 31 (3): 507 – 521.

[102] Roodbergen K J. Layout and routing methods for warehouses [D]. the Netherlands: RSM Erasmus University, 2001.

[103] Roodbergen K J, de Koster R. Routing methods for warehouses with multiple cross aisles [J]. International Journal of Production Research, 2001a, 39 (9): 1865 – 1883.

[104] Roodbergen K J, de Koster R. Routing order pickers in a warehouse with a middle aisle [J]. European Journal of Operational Research, 2001b, 133 (1): 32 – 43.

[105] Roodbergen K K J, Vis I F A. A survey of literature on automated storage and retrieval systems [J]. European Journal of Operational Research, 2009, 194 (2): 343 – 362.

[106] Rosenblatt M J, Eynan A. Note deriving the optimal boundaries for class based automatic storage/retrieval systems [J]. Management Science, 1989, 35 (12): 1519 – 1524.

[107] Rosenwein M B. A comparison of heuristics for the problem of batching orders for warehouse selection [J]. International Journal of Production Research, 1996, 34 (3): 657 – 664.

[108] Schwarz L B, Graves S C, Hausman W H. Scheduling policies for automatic warehousing systems: simulation results [J]. IIE transactions, 1978, 10 (3): 260 – 270.

[109] Sharp G P, II – Choe K, Chang S Y. Small Parts Order Picking: Analysis Framework and Selected Results [M]//Material Handling' 90. Berlin: Springer Berlin Heidelberg, 1991: 317 – 341.

[110] Tanakaa S, Araki M. Routing problem under the shared stor-

age policy for unit load automated storage and retrieval systems with separate input and output points ［J］. International Journal of Production Research, 2009, 47（9）: 2391 - 2408.

［111］ Tang L C, Chew E P. Order picking systems: batching and storage assignment strategies ［J］. Computer & Industrial Engineering, 1997, 33（3）: 817 - 820.

［112］ Tompkins J A, White J A, Bozer Y A, et al. Facilities Planning ［M］. NJ: John Wiley & Sons, 2003.

［113］ Van Den Berg J P, Gademann A J R M. Simulation study of an automated storage/retrieval system ［J］. International Journal of Production Research, 2000, 38（6）: 1339 - 1356.

［114］ Venkitasubramony R, Adil G K. An integrated design approach for class based block stacked warehouse ［J］. Facilities, 2019, 37（13）: 919 - 941.

［115］ Wang M, Zhang R Q and Fan K. Improving order picking operation through efficient storage location assignment: A new approach ［J］. Computers & Industrial Engineering. Advance online publication, 2020, 139: 106186.

［116］ Won J, Olafsson S. Joint order batching and order picking in warehouse operations ［J］. International Journal of Production Research, 2005, 43（7）: 1427 - 1442.

［117］ Xu X, Zhao X, Zou B, et al. Travel time models for a three dimensional compact AS/RS considering different I/O point policies ［J］. International Journal of Production Research, 2020, 58（18）: 5432 - 5455.

［118］ Yang M H. Analysis of optimization of class based dedicated storage systems ［R］. Atlanta, Georgia: Material Handling Research Center, Georgia Institute of Technology, 1988.

［119］ Yu Y, de Koster R. Designing an optimal turnover based storage rack for a 3D compact automated storage and retrieval system ［J］. International Journal of Production Research, 2009, 47 (6): 1551 – 1571.

［120］ Yu Y G, de Koster R. On the suboptimality of full turnover based storage ［J］. International Journal of Production Research, 2013, 51 (6): 1635 – 1647.

［121］ Yu Y G, de Koster R, Guo X L. Class Based Storage with a Finite Number of Items: Using More Classes is not Always Better ［J］. Production & Operations Management, 2015, 24 (8): 1235 – 1247.

［122］ Zhang J, Wang X, Huang K. On line scheduling of order picking and delivery with multiple zones and limited vehicle capacity ［J］. Omega, 2017, 79: 104 – 115.

［123］ Zhang R Q, Wang M, Pan X. New model of the storage location assignment problem considering demand correlation pattern ［J］. Computers & Industrial Engineering, 2019, 129: 210 – 219.

［124］ Zhu M, Chen F Y, Kong X T R, Qin K. Data driven storage location method for put system in Chinese flower auction centres ［J］. International Journal of Production Research, 2022, 60 (4): 1231 – 1244.